문예신서
272

대 담

디디에 에리봉과의 자전적 인터뷰

조르주 뒤메질

송대영 옮김

東 文 選

대 담
디디에 에리봉과의 자전적 인터뷰

Georges Dumézil
Entretiens avec Didier Eribon

조르주 뒤메질은 1898년 3월 4일 파리에서 태어났다. 네프샤토중학교를 졸업한 후에 트로이고등학교·타르브고등학교 그리고 파리에 있는 루이르그랑고등학교로 전학을 다니면서 고등학교 생활을 마치고, 1916년 울름 가(街)에 있는 고등사범학교에 입학한다. 문학 교수 자격시험에 합격한 이후 프랑스어 강사 자격으로 폴란드의 바르샤바대학교로 떠난다. 프랑스로 돌아온 이후, 인도-유럽신화학에 관한 그의 첫번째 논문인 《불멸의 향연》을 준비하나 이내 포기하게 된다. 1925년 이스탄불대학교에서 종교사를 강의하기 위해 터키로 떠나 6년 동안 근무하고 나서, 스웨덴에서 다시 프랑스어를 가르치기 위해 웁살라에 정착한다. 1933년 프랑스로 다시 돌아와 대학에서 교수로 있다가 1935년부터는 학과장으로 일을 하게 된다. 1948년에는 친구인 벤베니스트의 도움으로 콜레주 드 프랑스 회원으로 선출된다. 그리고 은퇴한 이후 강의 활동을 계속하기 위해 미국으로 떠나고, 거기서 3년을 보낸다. 조르주 뒤메질은 1978년 프랑스 아카데미 회원으로 선출되는데, 그의 입회를 축하하는 클로드 레비 스트로스의 연설은 지금까지 사람들의 뇌리에 남아 있을 정도로 유명하다.

조르주 뒤메질은 수많은 저서를 남겼다. 그의 대표작을 열거하면 1941년부터 1948년까지 《주피터, 마르스, 퀴리누스》 시리즈 네 권과, 1948년에 출판된 《로키》, 그리고 최근에는 세 권으로 된 《신화와 서사시》와 《인도-유럽인의 결혼》을 들 수 있다. 1982년, 1983년, 그리고 1985년에 《신화학 초고》라는 제목으로 여러 권을 출판하였으며, 현재는 네번째 책이 준비중에 있다.

조르주 뒤메질은 1986년 10월 11일에 사망하였다.

차 례

미셸 푸코를 기리며

서 문

1986년 7월 18일, **Apostrophe**[본래 아포스트로프는 문장 부호 중의 생략 부호인 〔'〕를 말한다. 프랑스 국영방송에서 이 문장 부호를 제목으로 사용하는 프로그램은, 작품을 쓴 작가들을 초청해서 그들의 작품에 대해 토론하는 텔레비전 프로그램이다]라는 교양 프로그램은 "작가는 작품으로 이야기해야 한다"라는 주제로 조르주 뒤메질을 위한 특집 방송을 꾸몄다. 이 방송에서 조르주 뒤메질은 "나는 자서전을 써보겠다는 생각을 한번도 해본 적이 없습니다"라고 고백하였다. 하지만 불과 몇 달 전에 그는, 앞으로 출간될 그의 연구 범위 내에서 자기 자신에 대한 이야기를 해달라는 조건을 수락하였다. 물론 본 저서가 대화 형식으로 꾸미는 전기(傳記)에 대해서도 문제를 삼지는 않았는데, 그 이유는 조르주 뒤메질 자신이 자신의 자서전을 쓰는 것이 아니었기 때문이다. 따라서 조르주 뒤메질의 전기를 쓰고자 하는 내 의도는 첫 출발부터 방법을 달리하여야 했다. 범상치 않은 한 인간이 지식인이 되어가는 과정을, 그가 살아온 경험을 바탕으로 한 조르주 뒤메질 개인의 역사와, 또 그가 살아왔던 세계의 역사를 과학적인 전개 방식으로 다루고자 하는 방식을 견지하게 된 것이다. 조르주 뒤메질도 나름대로 이 인터뷰에 응하였다.

우리들의 이야기를 빠짐없이 녹취하게 될 녹음기에 대고 그는 망설이지 않고 기탄없이 자신의 속내평을 털어놓았다.

하지만 대화 방식으로 이루어진 본 저서는, 조르주 뒤메질의 인생이나 작품에 대한 종합적인 평가를 다룬 것이 아님을 염두에 두길 바란다. 먼저 생애에 대해서 말하자면: 과거의 업적들은 종종 훌륭했던 것으로 묘사되지만, 그렇다고 해서 반드시 ‘진실’을 담고 있는 것은 아니다. 과거의 업적이라고 하는 것은, 대개의 경우 〈전기(傳記)가 주는 착각〉[1]이라는 제목의 기고문에서 피에르 부르디외가 말한 것처럼 위인전이 주는 착각 속으로 빠져들게 만든다. 생애는 사건, 선택, 만남……이라는 것들이 아무런 명백한 연관성이 없이 서로 복잡하게 얽혀져 있는데도, 위인전을 보면 마치 이런 것들이 연결고리가 있어서 어쩔 수 없이 그렇게 되었다는 듯한 분위기를 심어 주고자 하는 기법이 사용되고 있음을 볼 수 있다. 하지만 역으로 생각해 보면 인생의 전환점을 맞이하게 된 사건들, 어떤 시점에 동시에 발생된 여러 사건들, 오래전에 일어난 사건들에 대한 기억 되살리기, 그리고 현재에 관한 것 등등을 위인전에 묘사하고 독자들에게 전달하기 위해서는 작가적인 테크닉이 전적으로 필요할는지도 모른다. 이런 장르에서 대가를 이루고 있는 클로드 시몽의 작품들을 생각해 보면 이해가 될 것이다. 우리의 의도는 이렇다. 문학 작품처럼 만들지 말자는 것이다. 그래서 부르디외가 명백하게 밝힌 함정에 빠지지도 않았고, 책 내용도 사건에 순서를 부여하는 엄

---

1) 피에르 부르디외(Pierre Bourdieu), 〈전기(傳記)가 주는 착각 L'illusion biogra-phique〉, 《사회과학 연구지 *Actes de la recherche en sciences sociales*》, n° 62-63, juin 1986, pp.69-72.

격한 구성 방법에 얽매이는 것을 피했다는 것으로 나름대로 만족하고 있다. 마찬가지로 좀더 완벽하게 꾸미고자 한다면 각 시대별로, 각 기간별로, 연구가들간의, 사상 흐름간의, 각 교육 기관간의 비교도(比較圖)에 대한 보편적인 분야를 재구성하기 위한 사회학자들의 모든 연구 방법을 동원해야 할는지도 모른다.[2] 하지만 사회학적인 분석은 우리의 관할이 아니다. 우리는 단지 지적이라든가 학자적인 면에 대해서 고찰하고자 하는, 각 순간마다 중심적인 역할을 하는 주인공들이 눈에 띄도록 했을 뿐이다.

또한 이 전기는 조르주 뒤메질의 연구 성과에 대한 종합적인 평가를 내리고자 하는 것도 아니다. 따라서 얼마 되지 않는, 작은 분량밖에 되지 않는 이 책에서 60년 이상 꾸준히 심혈을 기울여 온 작품들의 요약을 기대하거나 하는 일은 없도록 해야 할 것이다. 연구 과정에서 발견한 내용과 연구 결과들을 따로따로 구별해서는 안 된다고 조르주 뒤메질은 끊임없이 주장해 왔다. 어떠한 요약서(要約書)도 전 과정을 모두 담고 있는 본서(本書) 자체를 대체할 수는 없다. 조르주 뒤메질은 모든 작가들이 어느 날 갑자기 자기 자신들이 직접 요약서를 만들어야겠다고 생각이라도 한 것처럼 보여지게 만드는, '요약서화(manuélisation)'에 대한 위험성을 상당히 의식하고 있었다.

그래서? 그래서 이 책은 인터뷰 내용을 그대로 글로 옮겨만 놓았다. 그렇기 때문에 어쩔 수 없이 어떤 부분에 대해서는 했던 이야기

---

2) 가장 최근의 기간을 살펴보기 위해서는 피에르 부르디외의 《호모 아카데미쿠스 *Homo academicus*》에 나오는 분석을 참조할 것. Ed. de Minuit, 1984.

가 반복되기도 하고, 알아보고자 했던 부분을 빠뜨린 경우도 생겼다. 물론 대화 내용을 다시 읽어보고 손질을 하면서 다시 쓴 부분도 있지만(나는 인터뷰 내용이 제자리를 맴돌지 않도록 하기 위해서 가급적이면 질문을 자제하려고 노력했다; 우리는 평상시 서로 말을 놓고 지내는 사이였으나 인터뷰 당시에는 존칭어를 사용하였다), 어쨌든 대화 내용만을 다루었을 뿐이다. 그 이상도 그 이하도 아니다. 이 인터뷰에서는 인문학 분야에서 현대를 구성하는 주축 중의 하나인 정신 연구의 조건에 관한 연구 풍토에 대하여 많은 것을 얻어낼 수 있었다. 사상(思想)을 다루는 역사가들은 이런 관점에서 많은 도움을 얻게 될 것이라고 믿어 의심치 않는다; 물론 조예가 깊은 사회학자들한테도 말이다. 하지만 무엇보다도 대다수 독자들이 단지 이 책을 통해서 매혹적이고 인정 많은 조르주 뒤메질을 만나서, 우리가 나누는 대화를 통해 그의 작품 세계를 접해 볼 수 있는 기회를 갖게 된 데 대해 만족을 얻었으면 하는 바람이다.

나는 이 서문을 지나치게 길게 끌어갈 생각은 없다. 그렇다 하더라도 인터뷰를 위해서 그와 함께 보낸 지난 몇 개월이 얼마나 즐거웠는지 모른다는 말만은 이 지면을 통해서 꼭 하고 싶다. 이미 몇 년 전부터 조르주 뒤메질과 나는 일요일마다 줄곧 만나왔던 터였다. 그렇게 우리는 일요일 오후 내내 단짝이 되어 전적인 신뢰를 가지고 이야기를 하며 보냈다. 우리의 우정이 어느 아름다운 봄날, 조르주 뒤메질에게는 아주 먼 옛이야기이겠지만 나에게는 바로 엊그제처럼 느껴지는, 콜레주 드 프랑스 앞마당에서 미셸 푸코가 우리들을 서로에게 소개시켜 주고 긴밀한 우정 관계를 맺게 해준 이후 너무나 끈끈하고 너무나도 진심이 깃든 우정으로 지내온 시간들이 너무 짧게 느껴지는 것은 왜일까? 따라서 갈리마르출판사에서 출간하는 폴리오 문고판으로 조르주 뒤메질에 관한 인터뷰를 담은 책을 하나 펴내자고 엑토르 비안치오티가 제안을 해왔을 때에도 우리들은 우리가 만나왔던 '리듬'을 바꿀 필요가 없었다. 우리는 늘 그랬던 것처럼 주말마다 만나서 출판을 위한 인터뷰 내용과 구성에 대해 방향을 정하고, 1986년 2월부터 7월까지 인터뷰를 했다.

당시 상황에 대해 이야기를 좀더 하자면, 인터뷰는 파리의 몽파르나스 거리와 뤽상부르 공원 사이에 있는 노트르담데샹 거리에 위치한 아파트에서 진행되었다. 조르주 뒤메질은 자신의 소파에 쌓아놓은 쿠션에 기대앉아서 질문을 받았고, 나는 그의 정면에 놓인 의자에 앉아서 질문을 했다. 우리들 사이에는 녹음기가 놓여 있어서 그의 나지막한 목소리를 담고 있었다…….

디디에 에리봉

1986년 7월 20일

앞뒤가 맞지 않는 이야기를 하거나 전에 했던 이야기를 번복하는 것은 참으로 재미있는 일이 아닐 수 없다. 왜냐하면 이는 자유에 대한 환상일지는 모르겠지만 어쨌든 자유가 있다는 증거이기 때문이다. 나는 내 나름대로 학생들에게 오로지 결과만이 중요한 것이고, 책임감 있는 사람은 때가 되면 사라질 줄 알아야 된다고 누차에 걸쳐서 말해 왔었다. 그런데 오늘날 내 자신은 정작 내가 말해 왔던 것과는 정반대로 행동하고 있으니 좀 거북스럽다는 생각이 든다. 변명을 하자면 내가 이루어 놓은 성과라는 것이 본래 확실한 위치를 점한 것도 아니라서 관심을 끌 정도도 아니고, 실험 학문이라든지 앞서가는 학문이라든지 아니면 실패한 학문, 뭐 그런 정도로만 이해되고 있는 실정인데다가 정신에 관한 탐구였던 까닭에 부분적으로는 내 직업에서, 전체적으로는 내 인생을 살아오는 데 있어서 우여곡절을 두 배로 겪게 되었던 것이 변명이라면 변명이다: 작품 속에는 작가의 삶이 배어 있는 것이 아닌가. 나는 나중에 전서(全書)와 같은 것은 남겨 놓지 않겠지만, 산더미 같은 '미완성 작품' 들 중에 적어도 한 무더기의 작품들은 내 인생에 대한 이야기들에 대해 균형을 잃지 않도록 보장해 줄 것이다.

그렇다고 내 뜻대로 되는 것이 있던가? 혼자 조용히 지내고자 해도 시대가 허락해 주질 않는다. 정보를 수집하는 성향이나 방법들 때문에 만약 그 스스로 나서서 이야기하질 않는다면, 다른 사람들은 호의적이든 악의적이든 간에 당신을 자기들 마음대로 짜맞추고자 할 것이다. 따라서 피할 수 없다면 차라리 그 역할을 기꺼이 수행해 나가는 편이 훨씬 나을는지도 모른다. 나는 오래전부터 우리들 각자는 장편의 멜로드라마에서 작가나 연출자나 프롬프터가 아니라 주인공이나 관객·비평가만을 연기하도록 해오지 않았나 하는 느낌을 받아왔다. 왜냐하면 수십억이나 되는 개인의 성향들은 상상을 초월하는 섭리에 의해 조작되었건 아니건 간에 매 순간마다 그에 알맞은 행동이나 말을 요구해 왔기 때문이다. 따라서 첫번째 작품은 미디어에 의해 두번째 작품 뒤로 가려지게 되고, 일종의 대형 드라마에서 엑스트라로 전락하게 되는 것이 아닌가 싶다.

그리고…… 그리고…… 어떻게 디디에 에리봉을 이겨낼 수 있단 말인가? 그는 유능한 기자로서 호기심 많고 과감하지만 한번도 친구 사이의 의리를 저버리지 않았다. 또한 의리 있고 사려 깊은 친구이지만 기자로서의 임무도 망각하지 않았다. 그는 나의 황혼기를 밝게 비춰 주는 제일 막내들이 모인 그룹에 속해 있는 사람이다. 그들 곁에 있으면, 불그스름하게 물든 하늘 아래 숲의 가장자리에서 거의 자정까지 라게르크비스트나 소포클레스를 읽을 수 있을 정도로 환했던 웁살라의 기나긴 여름 저녁이 생각난다. 하지만 웁살라에서 여명을 맞이하거나 하는 일은 더 이상 없을 것이다.

끝으로 철학적인 질문을 하나 해본다.

천재는 잔치에서 스타로 추앙받는다는 것을
입증하기 위해서

왜 하필이면 에리봉이, 왜 하필이면 내가, 왜 하필이면 아주 먼 옛날의 이야기를, 왜 하필이면 '비루(悲淚)한 불빛' 에 휩싸인 거대한 공간이어야만 했던가.

이 질문은 확실히 그럴 수 있을 법한 말장난에 불과한 것이다. 호모 사피엔스는, 어쩌면 그보다 훨씬 이전의 사람들은 어떤 의도가 있었기에 '때문에' 라는 말을 썼고, 모르는 것이 있었기에 '무엇' 이라는 말을 썼다. 그 이후 대부분의 언어에 있어서 이 두 단어는 '무엇 때문에' 라는 말로 합쳐지게 되었고, 이 합쳐진 단어, 즉 '왜' 라는 단어는 모든 문제에 대해 끊임없이 시험하게 해주었다. 이러한 시험을 할 때마다 매번 어떤 의미를 얻게 된다면 그것은 진정 대단한 것이 될 터이다.

조르주 뒤메질

1986년 7월 27일

I

인생은 게임이다

<h1 style="text-align:center">제 1 장</h1>

—

<h1 style="text-align:center">불멸의 향연</h1>

■ **디디에 에리봉**: 그동안 선생님께서 집필하신 저서 목록을 보면, 무엇보다 엄청난 저작 권수에 놀라움을 금할 수 없는데 몇 권이나 쓰셨습니까?

조르주 뒤메질: 정확한 숫자는 모르겠습니다만 60권 정도 될 겁니다.

■ 그리고 전 세계의 수많은 잡지에도 엄청난 기고를 하셨더군요.

대개의 경우, 기고한 글들은 개략적인 내용들일 뿐이라서 나중에 다시 추려 그 내용을 보강하여 책에다 실었습니다.

■ 지금까지의 저서 가운데 선생님께서 가장 애착을 갖는 저서라면 어떤 것을 들 수 있겠습니까?

늘 그랬던 것처럼 당연히 맨 나중에 쓴 책입니다. 그래서 새로운 책을 쓰고 나면 그 전에 쓴 책에 대한 애착은 상대적으로 줄어들지요. 그렇지만 졸저(拙著)들 중에서 《신화와 서사시 I》[1]과 《고대 로마 종교》[2]의 도입부는 애착이 갑니다. 이 두 권에서는 서문과 주석이 연구의 방향 설정을 충분히 이해하도록 짜여져 있거든요.

■ 선생님 작품들 중에서 서론이 가장 잘된 책으로 이 두 권을 꼽으셨는데, 그렇다면 선생님의 방법론을 가장 잘 실현시킨 저서로는 어떤 것을 꼽을 수 있겠습니까?

그것도 《신화와 서사시 I》이라고 생각합니다. 나는 이 책에서 기고문이나 짧막한 연구 논문에서 제시한 분석들을 포괄적으로 다시 다루었습니다. 《주피터, 마르스, 퀴리누스 IV》[3] 서두의 15페이지 정도 되는 '마하바라타'에 관한 주제는 프랑스대학출판사에서 잘 안 팔린다는 이유로 빼버렸습니다. 갈리마르출판사에서는 같은 제목의 책 1권과 2권에서 다룬 로마에 관한 주제와, 오래전에 《아시아 신문》에 기고했던 코카서스(카프카스) 사람들이라는 주제를 빼버리더군요. 하지만 나는 이 모든 주제들을 서로가 서로의 밑받침이 되도록 체계화시키면서 다시 다루었습니다. 마치 총을 서로 맞대어 세

---

1) 《신화와 서사시 I *Mythe et épopée I*》, 《인도-유럽어족 서사시에서의 이데올로기의 세 가지 기능 *L'idéologie des trois fonctions dans les épopées des peuples indoeuropéens*》, Gallimard, 1968.

2) 《고대 로마 종교 *La religion archaïque*》, Payot, 1966.

3) 《주피터, 마르스, 퀴리누스 IV *Jupiter, Mars, Quirinus IV*》, Presses universitaires de France, 1948.

워 놓는 걸어총 형태처럼 말입니다. 주제끼리 서로가 서로의 근거
가 되도록 했다고나 할까요.

■ 선생님의 첫번째 책이 1924년에 쓴 논문 〈불멸의 향연〉[4]이로
군요.

  예, 유감스럽게도.

■ 왜 유감스럽다는 거죠? 선생님께서는 그 논문을 그 정도로 치
부해 버리시는 겁니까?

  어쨌든 내 스스로가 오래전부터 그 논문을 초보적인 수준의 논문
으로밖에 인정하지 않고 있으니까요. 전체적으로는 볼 게 하나도
없어요. 그 당시에는 인도 신화에다 그리스 신화를 비비대야 불꽃
을 피울 수 있다고 하는, 19세기부터 이어져 내려온 선입관 때문에
갈팡질팡하고 있었어요.

■ 사실 선생님께서는 대작(大作)을 발표하신 1938년 이전에 쓰
신 모든 책들에 대해 유감스럽다고 말씀하시는 것 같은데, 그렇
습니까?

---

  4) 《불멸의 향연 *Le festin d'immortalité*》, 《인도-유럽어족의 비교신화학 연구
Etude de mytologie comparée indo-européenne》, Annales du musée Guimet, 1924.

맞습니다. 서너 권 썼으니까 서너 번 유감스럽다고 봐야죠. 1924
년에 쓴 논문에서, 신(神)들을 불멸의 존재로 만들어 주는 음료수인
감로수(甘露水, ambroise)에 대한 인도-유럽의 '유형(cycle)'을 재구
성하려고 시도했었습니다. 그래서 존재하지도 않는 음료를 창안해
냈죠. 예를 들어 문헌학자들이 볼 때 스칸디나비아에는 불멸의 음
료라는 것이 없습니다. 그런데도 나는 맥주를 감로수 수준으로 격
상시켰죠. 하지만 《에다》에 나오는 맥주는, 인간들과 마찬가지로 신
들에게도 단지 맥주일 뿐입니다. 향연의 음료수에는 사회 단합이라
는 의미와 이에 대한 고양이 담겨 있어서, 사람들은 이 음료수를 통
해 사회 단합이라는 위업을 달성하겠노라고 다짐할 뿐입니다. 그
이상도 그 이하도 아닙니다. 내 논문은 엄청 서툴렀지요. 이 논문을
다시는 쳐다보지 않았지만, 그렇다고 해서 진정으로 후회하거나 그
러지는 않았습니다. 왜냐하면 내가 보는 관점에서 그 논문은 나를
현재의 위치로 오르도록 만든, 곡예용 사다리처럼 흔들리는 계단의
첫번째 디딤판이었을 뿐이니까요. 자신의 어리석었던 말에 대해 반
성해 나가다 보면——적어도 내가 보기에는——결국에는 가능성
을 찾게 되는 것이니까요.

■ 〈불멸의 향연〉을 쓰기 전에 논문을 발표하신 적이 있나요?

〈불멸의 향연〉이 나의 첫 논문입니다. 기메박물관의 관리자인 쥘
아킨, 아시아협회에서 일하고 있는 나의 대부인 클로드 유젠 메트
르(또 다른 대부는 쥘 블로크이다)는 너그러운 아량으로 내 논문을
박물관에서 발간하는 논문집에 실어 주셨습니다. 그런데 이게 약간

의 말썽이 되었습니다.

■ 말썽이라뇨?

　그건 단지 초심자의 논문이었기 때문입니다. 생각해 보세요. 기메박물관지(誌)는 아주 권위 있는 책입니다. 내가 쓴 논문에 대해 금방 반박이 들어왔어요. 그리고 내 자신도 반박을 했지만, 이 일은 반박 수준 이상으로 크게 벌어졌어요.

■ 반박을 했던 이는 누구였습니까?

　사회학자들과 메이예의 제자들인 젊은 언어학자들이었습니다. 하지만 메이예는 내가 이 책을 내도록 격려를 해주었던 사람이었어요. 벤베니스트를 포함해서 모두 다 그랬었거든요.

■ 선생님께서는 막연하나마 그 사람들의 주장이 옳았다고 생각하셨습니까?

　천만에요. 난 그들의 주장이 그르다고 확신하고 있었습니다. 나는 자신이 있었습니다. 5년 후에, 이 책도 수준이 거의 비슷하지만 《켄타우로스[5]의 문제》라는 두번째 책을 발간한 후에는 반론을 제기하기 시작했습니다. 특히 벤베니스트와는 진지한 대화와 서신 교환

---

5) 그리스 신화에 나오는 반인반마(半人半馬). 〔역주〕

을 했습니다.

 그때부터 벤베니스트를 알게 된 겁니까?

아니오, 그 당시에는 거의 알지를 못했습니다. 나는 메이예 교수의 강의를 듣지 않았습니다. 강의가 있다는 것만 알고, 도움이 될까 싶어서 몇 차례 방문했을 뿐입니다. 당시 그는 인도-유럽인에 대한 연구를 감싸 주고, 또 감싸 주려고 했습니다. 언어학은 확장해 가고 있는 데 반해 비교신화학은 더 이상 존재하지도 않았습니다. 그래서 나는 비교신화학을 되살려야 한다고 주장했습니다. 따라서 원칙적으로 나는 비교신화학 영역에 속해 있었습니다. 하지만 나는 언어학자들이 모이는 그룹에 끼이고 싶은 욕망도 있었습니다. 그렇다고 해서 강의를 듣고 싶었던 적은 한번도 없었습니다.

■ 이상하군요. 나는 그 반대일 거라고 생각했었는데요.

책을 읽는 편이 더 나을 거라고 생각했던 겁니다. 적어도 콜레주 드 프랑스에서 하는 강의들은 도움이 됩니다. 다른 사람들은 어떻게 연구를 하는지 관찰하거나, 사고 기능이 어떻게 이루어지는지 보기 위해서는 강의를 듣는 것이 도움이 됩니다. 하지만 이미 연구된 학문 지식을 배우고 섭렵하는 데는 책보다 나은 것이 아무것도 없습니다.

■ 벤베니스트와의 격론에 대한 이야기로 되돌아가서…….

확실하게 짚고 넘어갑시다. 그는 나를 공격하는 글을 발표한 적이 한번도 없었습니다. 하지만 격렬한 토론을 한 적은 여러 번 있었지요. 격렬하다는 말은 어쩌면 지나친 표현일는지도 모르겠습니다. 왜냐하면 우리는 미소를 잃지 않았으니까요. 그러니까 격론이 아니라 토론이 약간 뜨거웠다라는 정도로 보면 됩니다.

■ 그를 만난 건 언제였습니까?

방금 전에 말했던 것처럼 메이예 교수의 강의 시간에 만났을지도 모르겠습니다만, 실제로 만나게 된 것은 그보다 나중입니다. 완성하지도 못할 책들을 쓰던 당시 《아시아 신문》에 그럴싸한 논문을 한 편 발표했는데, 이 글은 나중에 결실을 맺게 되는 씨앗을 포함하고 있었습니다. 하지만 당시에는 그 중요성에 대해 가늠할 수 없었지요.

■ 그게 몇 년도였습니까?

1930년입니다.

■ 그 논문은 어떤 내용이었습니까?

그 논문의 제목은 〈선사 시대 인도-이란의 카스트 제도〉입니다. 그때 당시만 해도——현재 이런 논의는 쓸데없는 것처럼 보여지지만——인도-이란인들은, 즉 인도와 이란 사람들의 공동 조상들은 벌써 인도식의 사회 계급 제도를 시행했었는지에 대한 토론이 있었습니다. 물론 선사 시대의 인도-이란인들에게는 **바르나**(varṇa)보다는 훨씬 유연했지만, 어쨌든 인도식 사회 계급을 시행하고 있었습니다. 나는 이 논문에서 스키타이인들(이란 외곽 지역과 유럽에 걸쳐 있는 이란 사람들)을 끌어들였습니다. 조로아스터교의 경전 몇 군데에서 확인되는 것처럼 이란 사람들은 실제로 인도 사람들처럼 적어도 이상적인 형태로, 사회의 세 가지 기능 개념을 가지고 있었다는 것을 스키타이인들이 뒷받침해 주고 있었기 때문입니다.

그리하여 이 논문이 《아시아 신문》에 실리게 된 것입니다. 벤베니스트가 이 유서 깊은 정기 간행물의 책임자는 아니었습니다만, 누군가 이란을 주제로 다룬 원고를 제안한 이상 그의 의견을 참작하게 되는 것은 당연한 일이었습니다. 이런 일로 해서 그와 접촉을 하게 되었던 것이지요. 당시 내가 터키에 일자리를 두고 있었다는 사실을 말하지 않았군요. 하지만 우리는 그 다음 바캉스 때 릴 가(街)에 있는 아시아협회 도서관에서 만났고, 창문가에 서서 오랫동안 이 문제와 그외 다른 사안들에 대해 이야기하였습니다.

■ 그 당시 벤베니스트는 무엇을 하고 있었습니까?

벤베니스트는 교사 자격을 취득하자마자 곧 에콜(Ecole des hautes études)에서 강의를 하였지요. 사실 벤베니스트는 아주 기적에 가까운 젊은이였습니다. 그는 시리아에서 태어났는데, 아버지는 그를 랍비로 키울 요량으로 파리의 랍비학교에 보냈습니다. 그때가 제1차 세계대전중이었고, 실뱅 레비라는 사람이 랍비학교의 교수를 대신하고 있었습니다. 그는 아주 헌신적이었고, 인도 사상에 대해 명실상부한 위치를 점하고 있는 교수이자 오랫동안 콜레주 드 프랑스 교수를 역임하였는데, 그의 강의실에는 학생들이 전쟁에 동원되느라 수강생이 많지 않았었습니다. 그가 나한테 이야기를 하나 해주었는데, 어느 날 집으로 돌아오면서 자기 아내한테 이렇게 말하였답니다. "우리 반에 아주 비범한 꼬마 하나가 있다"고 말입니다. 그 교수는 벤베니스트를 메이예의 집으로 데려갔답니다. 몇 년 후 이 꼬마는 메이예 교수가 두번째로 출간한 《고대 페르시아 문법》을 공부하기 시작했다는군요.

■ 벤베니스트를 알게 되었을 때, 그는 몇 살이었습니까?

한 25세쯤 되었습니다.

■ 나이 차이에도 불구하고 서로 호감을 가지고 있었군요?

예, 당신이 말한 것처럼 나는 금방 그에게 호감을 갖게 되었습니다. 하지만 그는 전혀 그렇지 않았습니다.

■ 그는 선생님의 연구를 마음에 들어하지 않았지만, 어쨌든 선생님 연구의 중요성에 대해서는 인정하지 않았습니까?

그렇지 않습니다. 그는 내가 쓴 내용들을 전혀 인정하려 들지 않았습니다. 물론 어떤 본질에 대해 결코 알 수 없는 일이고, 생각하는 것도 각 단계가 있는 것입니다만, 어쨌든 거기에 대해 나는 확실히 기분이 나빴었습니다. 그는 내가 철학과 언어학적인 실력이 되지 않는데도 신화와 제도를 다루는 것이 거들먹거리는 것처럼 느껴졌나 봅니다. 그리고 원칙적인 문제들에 관해서도 차이가 났습니다. 19세기에 비교문법과 비교신화학이 쌍둥이처럼 동시에 생겨났습니다. 다시 말해서 인도-유럽어에 대한 비교문법을 강조하기 시작했던 사람들은, 동시에 비교를 통해서 종교나 아니면 그보다는 인도-유럽신화학을 떼어낼 수 있을 것이라고 생각했습니다. 특히 미셸 브레알의 경우가 그랬습니다. 뿐만 아니라 프랑스·영국·독일에서도 그렇게 생각했던 것입니다. 그리고 19세기말에 언어학이 구축되어 확장되고 완성되어 가는 데 반해 신화학의 입지는 몰락하고 있었습니다. 그래서 벤베니스트가 이렇게 말하게 된 거죠. "우리는 이러한 헛수고를 떨쳐내는 데 두 세대 동안이나 어려움을 겪어왔습니다. 실망하지 말고 다시 시작합시다"라고 말입니다.

■ 그의 관점은 완전히 언어학적인 것이었군요?

그는 언어학과 연관되어 있으면서 학문적으로 확실하게 몰락한 다른 학문 분야와의 모든 타협을 거부했습니다.

■ 그렇다면 선생님께서는 그 당시에 누구를 통해서 그러한 영감을 얻게 된 것입니까?

음, 처음엔 브레알을 통해서 알게 된 바로 19세기 위대한 학자들을 통해서였는데, 이 학자들은 실수를 저지르는 바람에 나중에 벤베니스트로부터 반감을 샀던 사람들입니다. 그들은 모든 것을 어원학에 기초를 두고 있었습니다. 그들은 인도에는 제우스가 있고, 주피터가 있고, 디야우스가 있다고 말합니다. 같은 이름을 가지고 있는 신들은 분명히 어떤 공통점을 가지고 있다는 것이죠. 나도 감로수(ambroisie), 켄타우로스 때문에 이들과 생각이 같을 수밖에 없었습니다. 그리스어에는 ambrosia가 있고, 산스크리트어에는 amṛta가 있습니다. 이는 거의 같은 말입니다. 따라서 인도-유럽에서부터 '감로수'라는 신화가 존재했음에 틀림없다는 생각이 들었습니다. 불행하게도 그렇게 공통적이고 비슷한 이름을 가지고 있는데도 불구하고 이와 같은 방식으로 설정된 관계들 중에 오늘날까지 남아 있는 것은 거의 없습니다. 기메박물관의 주요 저서들 가운데 끼여 있는 두 권의 두꺼운 책을 쓴 이후, 그것보다는 조금 덜 두꺼운 세번째 책을 썼습니다. 이 책의 이름은 《우라노스-바루나》[6]이고, 네번째 책의 이름은 《플라멘-브라만》[7]입니다. 한 권은 자체적으로 만든 문고로서 실뱅 레비가 주관했던 것이고, 다른 한 권은 기메박물관의 '소문고(小文庫)'에 포함되어 있습니다. 19세기의 신화학자들은 우라노스와 바루나 사이의 고유명사에 분명히 동류성이 있다고 생각한 것 같습니다. 하지만 비교음성학이 훨씬 엄격해지면서 언어학자들은 이러한 명백함이 한낱 신기루에 불과한 것이라고 주장하게 됩

---

6) 《우라노스-바루나 *Ouranos-Varuṇa*》, 《인도-유럽 비교신화학 연구 *Etude de mythologie comparée indo-européenne*》, Adrien Maisonneuve, 1934.

7) 《플라멘-브라만 *Flamen-Brahman*》, Annales du musée Guimet, petite collection, 1935.

니다. 게다가 그들의 주장은, **플라멘**과 **브라만**의 경우도 어떻게 보면 엇비슷해 보이기는 하지만 자세히 보면 모음 충돌, 산스크리트 단어의 h, 어근의 형태 등을 따져 볼 때 전혀 설득력이 없다는 것입니다. 그 주장에 대해 나는 이렇게 생각합니다. 그것이 진정 그렇다고 한다면 언어학적인 문제는 한편으로 치워 놓고, 이러한 이름들을 가지고 있는 사람들의 용법이나 형태를 비교하자고 말입니다. 만약 그들이 주장하는 정의나 방법론에서 놀라울 만한 일치감들이 나타난다면 그 다음엔 음성학자들이 알아서 해결하면 된다고 말입니다. 불행하게도 비교가 전혀 다른 근거에 의거하고 거의 복잡하지 않은 구성에 의거하지 않는다면, 그 비교는 쉽사리 독단에 빠지고 말 것입니다. 그래서 나는 자의적으로 빠질 수밖에 없는 이 방법을 통해서 근거를 마련하고, 해결하려 했던 전통적인 문제들 속에서 추구해 갔던 것입니다.

■ 당시에 언어학 공부를 많이 하진 않으셨나 봅니다.

언어학 공부를 하였지요. 얼마 동안은 두 가지 연구를 동시에 하려고도 했었습니다. 내가 존경했던——그들의 엄청난 실수들까지 언제나 존경하고 있는——19세기의 위대한 사람들을 흉내내어 볼까도 했었습니다. 하지만 보다 현대식으로 무장해서 그들을 흉내내려 하였습니다.

*

■ 처음, 신화학에는 어떻게 관심을 가지게 되었습니까? 선생님께서 쓰신 첫번째 책과 다른 여러 책들의 재료가 되었던 것들에 대해서 말입니다. 간단히 말해 선생님께서 직업으로서 이쪽으로 발을 들여놓게 된 계기는 무엇이었습니까?

그 이야기를 하려면 시간을 한참 거슬러 올라가야 합니다. 내가 7세 때인가 8세 때, 아버지께서 2개 국어로 된 교재를 가지고 독일어를 가르쳐 주셨습니다. 2개 국어로 된 교재라기보다는 원문과 번역문을 한 행씩 번갈아서 배치한 교재라고 해야겠군요. 왼쪽 페이지의 위쪽에는 그리스어나 라틴어로 된 원문이 실려 있고, 그 아래에 프랑스어로 번역이 되어 있었습니다. 오른쪽 페이지에는 한 행은 원문의 단어, 그 옆에는 단어 해석을 해놓았습니다. 아주 쉽게 꾸며져 있었지요. 아버지께서는 헤라클레스의 열두 가지 시련과 아르고선(船)을 타고 황금 양털을 구하러 가는 그리스 영웅들에 관한 니부어 우화 모음집을 골라 주셨습니다. 이것이 내가 읽었던 동화입니다. 프티 푸세와 포 단이라는 동화도 좋아했지만, 그보다는 헤라클레스와 제이슨을 더 좋아했습니다.

이렇게 해서 처음으로 신화를 접하게 된 것입니다. 그후 나의 관심을 끌었던 것은 신화보다는 언어입니다. 나의 조부 가운데 한 분, 정확히 말해서 외할머니의 두번째 남편 되시는 분이 루이르그랑고등학교 4학년 담당 교사였습니다. 그분이 돌아가시게 되면서 소장하고 있던 책들을 집으로 가져왔습니다. 그때 처음으로 산스크리트어라는 것을 보게 되었고, 흥미를 갖게 되었지요. 미셸 브레알이 펴낸 《라틴어 어원사전》을 통해서 말입니다. 당시 군 장교이셨던 아버지께서 전출을 가는 바람에 파리에서 멀리 떨어진 트로이로 이사를 갔습니다. 거기서 4학년과 3학년을 보냈습니다. 4학년 때 프랑스어·이탈리아어 그리고 그리스어를 가르치는 알프레드 에르누라는 외국어 담당 교사가 있었어요. 물론 그에 대해서 잘 알지는 못했지만, 메이예 교수의 제자 가운데 한 사람이었습니다. 게다가 그는 나중에 콜레주 드 프랑스에서 강의를 하게 되고, 37년이 흐른 뒤 내가 콜레주 드 프랑스에 선출될 때 정열적으로 지지해 주었습니다. 그에게 슬쩍 물어보았습니다. 산스크리트가 뭐예요? 마하바라타가 뭐예요? 당시 경찰처럼 수염을 기른 그는 인자한 미소를 지으면서 이렇게 말하였습니다. "이 다음에 크면 알게 될 거다."

■ 그 말이 틀리지는 않았군요!

예, 하지만 나를 도와 주지는 않았습니다! 고작 칠판에다가 인도 시인의 이름만 적어 주었거든요. 2년 후, 아버지의 전출로 다시 파리로 돌아왔습니다. 파리에서 2학년과 1학년을 보냈습니다. 두번째로 운이 아주 좋았던 것은, 2학년 때 40명 가량 되는 반 친구들 사이에 미셸 브레알의 손자가 끼여 있었다는 것입니다. 그는 나중에 방콕 주재 프랑스 대사와 같은 모험으로 가득 찬 직업을 갖게 된 친구인데, 그가 나한테 이렇게 말하더군요. "네가 여기에 관심이 많으니까, 우리 할아버지에게 소개시켜 줄게." 그는 약속을 지켰습니다. 브레알의 할아버지는 산스크리트어 교정도 해주었고, 내가 가장 가지고 싶어했던 산스크리트-영어사전도 주었습니다. 몇 년 전, 나는 이 사전을 다니엘 뒤비송에게 주었습니다. 이 무렵부터 나의 진로가 정해졌다고 생각합니다. 어떤 면에서는 일찌감치 아버지로부터 영향을 받았던 것입니다. 그리고 나서 소르본대학교 근처 서점에서 산스크리트어로 씌어진 간단한 책들을 사모으기 시작했습니다.

■ 선생님께는 아주 중요한 첫번째 만남이었겠군요?

미셸 브레알은 콜레주 드 프랑스의 초대 비교문법학 교수였습니다. 그가 1864년 이 새로운 분야를 파리에 도입한 분입니다. 그는 1905년까지 콜레주에서 비교문법을 강의하였지요. 그리고 자신의 교수였던 프란츠 보프가 쓴 《문법》을 프랑스어로 번역하였습니다. 사실은 보프가 이 연구 분야의 실질적인 제창자이지요. 물론 18세기에 이미 이를 연구한 이들이 있었지만 집대성한 사람은 보프였고, 브레알이 다섯 권 분량으로 번역했던 겁니다. 무슨 이유였는지는 몰라도 아버지께서, 아마 새해 선물로 주셨을 거예요. 나는 마치 세상의 진실을 밝혀내기라도 한 책인 양 몇 달 동안 열심히 파고들었습니다. 물론 시대에 한참 뒤처진, 초창기에 대강 만들어진 책이었는데도 말입니다.

■ 현재는 박물관에나 갈 만한 그런 책 아닙니까?

현재만 그런 것이 아니라 내가 브레알을 만났을 때에도, 그도 이미 그것을 알고 있었습니다. 손자를 통해서 나에게 그것을 알려 주었으니까요. 나는 그를 딱 한번 만났을 뿐이지만, 그의 손자는 내가 어떻게 되어가는지 자기 할아버지한테 소식을 전하고 있었던 겁니다. 어느 날, 그 할아버지께서 손자더러 이렇게 전하라고 했답니다. "이건 시대에 너무 뒤쳐져 있으니, 내 후계자인 앙투안 메이예를 찾아가 보도록 해라." 주요 내용을 발전시킨 이는 메이예가 아니라 슐라이허와 브루크만 같은 독일인들이었습니다. 메이예는 이들이 연구한 결과들을 자기에 맞게 다듬고 완성시킨 사람입니다.

■ 브레알과 산스크리트어를 접한 후에 어떤 변화가 있었습니까?

나는 여기에 많은 시간을 투자했습니다. 그리고 바칼로레아도 준비하여야 했습니다. 하지만 짬을 내서 산스크리트어를 공부했지요. 1913년 봄, 아버지의 전출로 다시 파리를 떠나 타르브로 갔습니다. 여기서 아버지는 준장으로 진급하게 되지요. 전쟁 전에는 1년이나 1년 6개월 이상 같은 부대에서 근무하게 되는 예가 매우 드물었습니다. 타르브에서는 바스크어에 관심을 갖게 되었어요. 피레네 지방에서는 6개월만 있었기 때문에 전력을 다해서 배웠습니다. 아버지께서 다시 파리로 부름을 받게 되고, 나는 루이르그랑고등학교의 철학반으로 들어갔습니다. 1914년초에는 6년 전부터 감돌았던 전운이 확실해지고, 또 임박해 있었습니다. 전쟁을 앞두고 급조된 포병 부대를 지휘하기 위해 아버지께서는 에피날로 부임해 가셨습니다. 하지만 우리 가족은 아버지를 따라가지 않았어요. 우리는 뱅센에 남았습니다. 아버지께서는 전후 은퇴를 하셨고, 15년 후 그 집에서 돌아가셨습니다.

■ 언젠가 선생님께서 다니던 철학반에 조지프 케셀이 있었다고

말씀해 주신 적이 있습니다.

예, 아주 잘생긴 외국인이었습니다. 연말에 시상식이 있었는데, 그가 조그만 사건 하나를 일으켰습니다. 상을 잔뜩 수상한 그가 해수욕할 때나 신는 신발을 신고, 주머니에서는 빨간 줄이 밖으로 삐져나온 채 단상에 올랐던 것입니다. 케셀은 완벽한 비폭력주의자입니다. 그의 인생과 그가 쓴 작품을 떠올릴 때마다 재미있다는 생각이 듭니다. 그해, 1914년 봄, 루이르그랑에 다녔던 모든 사람들은 카이요 사건에 대해 한마디씩 하게 되고, 또 양편으로 나누어지게 되었습니다. 카이요 부인이 《피가로》 신문사 사장을 죽인 것이 정당한 일이었는가 하는 주제였습니다. 케셀은 자신의 주장을 이렇게 피력했습니다. "아무것도 살인을 정당화시킬 순 없다"라고 말입니다.

■ 그는 선생님의 친구로 남아 있었습니까?

친구라고 말하면 조금 지나치고, 우리는 그냥 관계를 유지했습니다. 하지만 그가 죽기 전의 약 20년 동안은 그에 대한 소식을 듣지 못했습니다. 아카데미 프랑세즈에 내가 후보자로 등록할 당시만 해도 그는 살아 있었습니다. 관례에 따라 나는 그를 초대하였지요. 그는 아주 친절한 내용의 답장을 보내왔습니다. "당신이 나를 초대하는 것이 60년 만입니다." 그리고 그는 선거가 있기 전 사망했습니다.

■ 1914년경 선생님께서는 핵에 관한 페랭의 책을 읽고서 과학자로 진로를 택하지 않은 것에 대해 후회했다고 하셨는데요.

그 책은 1913년에 출간되었고, 내가 그 책을 읽었던 때는 1914년이었을 겁니다. 1913년 메이예도 《그리스어 역사의 개요》라는 책을 출간했습니다. 미셸 브레알의 충고에 따라 그 책도 탐독했지요. 그는 나를 첫번째 숙명으로 이끌어 주었습니다. 보프 이후에 언어학은 정말로 활기를 띠고 있었어요.

타르브에서 보냈던——1학년말과 철학 강의를 듣던 몇 주와 툴루즈에서 치렀던 첫번째 바칼로레아가 있었던 그 기간 사이에——1913년의 4개월 동안 조금 전에 말했던 것처럼 바스크어를 공부했습니다. 그리고 메이예의 《인도-유럽어 비교문법 입문》이라는 기본서를 보았습니다. 물론 보프보다는 괄목할 만한 진척을 보이고 있지만 동시에 의욕이 위축되어 있음을 느꼈는데, 이 점이 메이예에 대해 조금 껄끄럽게 느껴지는 점입니다. 그는 애매모호한 문제보다는 정확히 해결되는 문제를 더 선호했습니다. 젊은 나이에 그는 벌써 수많은 영향을 받아 왔기 때문에 아주 특별한 문제가 제기되는 인도-유럽어인 아르메니아어 전문가가 되었지요. 메이예가 처음에 썼던 글들을 보면 아르메니아어에 관한 난제들을 인식하고 있었습니다. 그가 한참 나중에 연구한 것을 보면, 특히 1902년에 쓴 《고전 아르메니아어 비교문법 개요》에 대한 종합 평가로서 그가 죽기 바로 전인 1936년에 두번째 출간한 책을 보면 모든 것은 명확했습니다. 애매모호한 문제들이 해결되었다는 의미가 아니라 그 문제들을 따로 제쳐놓았기 때문입니다. 그래서 그 문제들이 아직도 남아 있는 것입니다.

■ 선생님께서는 철학반을 나온 이후에도 계속해서 루이르그랑고

등학교의 고등사범학교 수험준비반 1학년에서 공부하셨지요?

네, 나는 그때 조금 무관심한 교수 밑으로 들어가게 되었습니다. 그런데 잘 생각해 보면 학생들은 언제나 자기 선생님들한테 가장 불만스러운 뭔가가 있는 것 아니겠습니까. 그 교수는 앙드레 벨소르입니다. 나중에 아카데미 프랑세즈 회원이 되었고, 게다가 1940년부터 1942년까지 종신 사무국장을 맡은 분입니다. 그는 대부분의 연구를 일본에서 하였습니다. 프랑스에 돌아오면서 이 수험준비반을 맡았는데 별로 관심이 없어 보였어요. 그는 빅토르 위고를 아주 싫어했습니다. 가끔 교단에서 내려와 칠판 앞을 무거운 걸음으로 왔다갔다하면서 빅토르 위고를 조롱하였지요. 어느 날 그가 이렇게 말하더군요. "아, 동물은 삼행시를 짓지 못한다구!"

■ 다음해에 2학년으로 진급하셨고요.

이번에는 아주 진지한 선생님들을 만났습니다.

■ 그들로부터는 많은 것들을 배우셨겠군요?

네, 특히 작문하는 것을 배웠는데, 무엇보다 작문을 구성하는 방법을 배웠습니다. 프랑스어 선생님은 벨소르 선생님보다는 덜 우스꽝스러웠고, 또한 의식 있는 분이셨습니다. 그는 논술 주제를 내줄 때도 과외 시간에 참여하고 싶어하는 학생들을 모아 학교에서 하였지요. 그리고 '교과 과목' 도 수업했습니다. 가끔은 별로 재미없는 주제를 다룰 때도 있었지만, 서술 내용에 대해서 여러 방향으로 어떻게 전환시키는지를 여러 가지 방법과 더불어 알려 주었습니다. 생각을 잘하면서 쓰다 보면 적절하고도 흥미있는 내용에 도달할 수가 있어요. 아주 유용한 수사 기법이었습니다. 나는 이런 기법을 아직도 사용합니다. 결국 공부하는 방법을 가르쳐 준 데 대해서 감사드려야 하는데, 나는 이를 한참 후에 가서야 했습니다. 왜냐하면 부활절 방학 이전까지 내 프랑스어 점수는 보통 이상을 받아 본 적이 없었기 때문입니다. 그러다 갑자기 모든 것이 확 변했습니다. 시험 때가 되었어요. 시험은 6월에 있었는데, 나는 20점 만점에 19점을 얻었습니다. 당시 프랑스어 과목은 3학점이었어요. 역사 시험은 라틴어 해석을 제대로 하지 못했는데도 불구하고 '보통'이라는 점수를 받았습니다. 그가 좋은 성적을 낼 수 있도록 많이 도와 준 덕분입니다.

■ 그래서 고등사범학교에 1등으로 입학하게 되었군요. 그런데 그때는 한참 전쟁중이었는데 어떻게 되었습니까?

수험준비반은 마른 전투가 있은 직후인 1914년에 시작되었습니다. 그래서 1916년에 시험을 보게 되었던 거지요——이것이 전쟁중에 있었던 첫번째 시험이에요. 왜냐하면 1915년에 있을 예정이었던 시험은 취소되었기 때문입니다. 전쟁에 동원된 수험생들이 겨울 이전에 다시 시민으로 돌아올 것이라는 기대에서였지요. 1916년에 예상되었던 일이 벌어졌습니다. 프랑스는 전쟁 상태로 빠져들었습니다. 따라서 시험은 치러졌지만, 동기생들은 몇 명 되지 않았습니다. '문학'에서 13명, 그리고 '과학'에서 8명밖에 없었어요. 학교 건물도 거의 전부가 병원으로 사용되고 있었지요. 우리에게 남아 있는 것은 교실 몇 개와 도서관이 전부였습니다. 전쟁에서 돌아온 몇몇 학우들은 공부를 계속했습니다. 그리고 병원에서 부상당한 동문 선배들을 만났어요. 학교 전통은 끊어졌지요. 사실 나는 쥘 로맹이 묘사한 그러한 학창 생활을 하지 못했습니다. 1916년에는 거의 텅 비어 있는 학교를 다녔고, 1919년에는 동원이 해제된 후라 모든 학년의 학생들과 장교부터 하사관까지 모든 계급이 뒤죽박죽 섞인 이들의 틈바구니에서 학창 시절을 보냈습니다. 왜냐하면 우리들은 오랫동안 군복을 입었던데다가 군인 봉급을 받고 있었기 때문입니다.

■ 하지만 어쨌든 선생님께서는 1916년 무사히 학교에 입학하지 않으셨습니까.

10월 초순에 입학을 하였어요. 그리고 1학년들이 꿈꾸던 자유를 만끽했던 것은 1917년 3월까지 몇 개월 동안뿐이었습니다. 전쟁에 동원되어 퐁텐블로에 있는 포병학교에서 몇 달을 보냈지요. 그리고 8월에는 소위 후보생으로 진급해서 샤르트르 사단의 포병 26연대에, 그보다는 평화시에 226연대라고 불리는 세번째 연대에 배속되었습니다. 첫번째 명령을 받고 나는 전선으로 배치되었습니다.

■ 선생님에게 있어서 진짜 전쟁은 거기서 시작되었겠군요.

곧바로 시작된 것은 아닙니다. 나는 베르덩에 있는 226연대에 합류했습니다. 처음에는 혹독한 전쟁을 치렀습니다만, 9월에는 사람들의 화제에 올랐던 그 구역이 평온을 되찾았습니다. 물론 가끔가다 몇 발의 포탄이 떨어지긴 했습니다만 심각한 것은 아니었어요. 게다가 소속된 연대가 교체되었을 때 장교가 나를 전선에서 빼주었습니다. 나는 엄호 위치에 남아 있었지요. 다시 말해 전선에서 몇 킬로미터 떨어진 참호 속에 있었습니다. 거기에서는 위험할 것이 없었어요. 왜냐하면 당시에 사용하던 포는 멀리 날아가지 않았기 때문입니다. 평온한 1주일을 보냈습니다. 연대가 다시 교체되었을 때, 우리 그룹에 속해 있는 몇몇 장교들과도 사귀게 되었지요. 먼저 우리 중대장은 조금 무뚝뚝한 현역 장교였지만, 나중에 몇 번의 상황이 거듭되면서 선한 사람이라 불릴 만한 인물이라는 것을 깨닫게 되었습니다. 개선 도로[Voie Sacrée: 제1차 세계대전 당시의 바르르뒤크에서 베르덩에 이르는 보급로]를 통해 베르덩에서 멀어졌을 때 첫번째 임무를 부여받았어요. 마지막 방진(方陣)의 출발을 늦추기 위해서 우리 부대가 방금 전에 떠난 베르덩의 참호로 다시 돌아가야 했습니다. 한밤중이었고, 혼자였습니다. 말을 타고서 죽은 말들이 널려 있는 도로를 지나 숲으로 올라갔지요. 운이 좋게도 동료를 만나게 되었는데, 그도 후보생이었습니다. 우리 부대의 다른 그룹을 위해서 나와 같은 임무를 띠고 있었던 거지요. 동료는 하나였지만 천군만마를 얻은 기분이었습니다. 이것이 나의 첫번째 전쟁이지요.

■ 다른 수많은 전쟁 경험이 있었을 것이라고 생각되는데요.

바로 이어진 것은 아닙니다. 1917년말부터 한쪽은 영국군과 프랑스군, 다른 한쪽은 독일군, 이렇게 양편이 1918년에 벌어질 전투만을 생각하고 있었습니다. 양쪽 모두 결정적인 전투가 될 것이라 생각하고 있었지요. 그리하여 사령관은 75사단의 2,3개 연대를 '기동포 부대'로 바꾸었습니다. 다시 말해서 말이 끌던 포를 트럭에 설치했지요. 이는 기동력을 높여 주었지만, 전쟁터에서의 기동성은 떨어지는 것이었습니다. 9월부터 11월까지 우리는 파리에서 멀지 않은 후방에 머물러 있었지요. 우리가 몇 개월 전 엄청난 전투를 치렀던 슈맹 데 담이라는 곳에서 전열을 가다듬은 때는 12월이었습니다. 슈맹 데 담이라는 명칭은 베르덩의 이름만큼이나 인상적이었습니다만 이 구역도 조용했어요. 우리는 크리스마스와 1월, 그리고 거의 2월 전부를 거기서 보냈습니다. 불편하지는 않았고, 참호가 워낙 잘 구축되어 있어서 아주 드문 경우이지만 참호 위로 포탄이 터지는 소리를 듣는 것이 재미있을 정도였습니다. 우리는 그 참호가 아주 튼튼하다는 사실을 알고 있었습니다.

2월에 상황이 바뀌었어요. 전투가 임박해진 거죠. 독일군이 어디를 공격해 올지 몰랐기에 기동 연대인 우리 226연대와 그 배속 부대인 41연대는 전선에서 물러나 예비 부대로 위치해 있었습니다. 그것이 임무였지요. 그렇게 우리는 중앙 전선 뒤쪽에 위치한 마른 지방에 있는 도르망으로 후퇴를 했습니다. 나는 15일 정도 이어진 '소강전'의 마지막 날들을 보냈습니다. 그리고 어느 날 아침 독일군이 공격을 해왔습니다. 우리와 멀리 떨어져 있지 않은 곳이었습니다. 영국군과 프랑스군의 합류 지점인 피카르디였지요. 이틀도 안 돼서 우리는 트럭을 타고 몽디디에로 후퇴하였고, 남아 있던 보병이 후퇴할 수 있도록 지원했습니다. 나는 거기서 전쟁이 무엇인지를 보게 되었지요……. 전쟁은 휴전이 될 때까지 그치지 않았습니다. 7월 18일, 빌레르-코트레 숲 근처에서 전세가 바뀌면서 행운의 여신이 우리 쪽으로 향했습니다.

■ 그런 경험은 정말 끔찍했겠군요.

예, 끔찍했습니다. 정확한 표현입니다. 왜냐하면 나는 천성적으로 아주 용감한 사람이 아니거든요. 모험심이 있고 때로는 무모하기도 하지만, 엄밀히 말해서 용감하지는 않았습니다. '평상심'을 되찾기까지 몇 주가 걸렸습니다.

■ 부상을 입지는 않으셨나요?

아니오. 어느 날, 지금은 북부 고속도로 옆에 있는 르송쉬르마츠 근처에서 '이제는 죽었구나' 하고 느낀 적이 있습니다. 전날 부상당한 우리 중대장을 대신해서 브르타뉴어 선생님이었던 부대장이 내 옆에 무전병 두 명과 함께 있다가 모두 전사했어요. 그날 저녁 우리 그룹에 남아 있던 3개 포대는 중위가 지휘했습니다.

■ 추측컨대 이 기간 내내 선생님의 머리에서 이론적이거나 지적인 고민은 완전히 사라졌겠네요.

완전히는 아닙니다. 7월의 어느 날 저녁, 초토화된 한 마을의 거리에서 목사의 산만한 설교와 같은 러시아 서사시의 주제와 존재를 깨우쳐 주는 책 한 권을 찾아냈습니다. 어쩌면 나한테는 불행이 있었는지 모르겠으나, 이 서사시 가운데 한 편은 그로부터 6년이 지난 후 내가 쓴 《불멸의 향연》에 쓸데없이 실리게 됩니다.

■ 《노스트라다무스적인 외출》[8] 초반부에서 선생님을 바꿔 놓은 것은 이 기간이었노라고 쓰지 않으셨습니까: "카르테시우스(데카르트) 장군의 옷자락에는 아무것도 없습니다. 거기다 이렇게 쓰세요, 나는 생각을 거의 하지 않고 살았습니다."

네, 독일군이 파리의 80킬로미터까지 쳐들어왔을 때 나는 조용히 수험 준비를 했습니다. 그리스와 라틴 문헌에 파묻혀 지냈지요. 전투기가 없었던 전쟁이기에 생활은 유지되었습니다. 보존 용기 속에 있는 것처럼 파리에서 살았습니다. 부대에 있을 때 지적이지 않은 사람도 만났고, 나와 다르게 아주 지적인 사람도 만났습니다……. 나는 다른 것을 생각했어요. 그것은 위대한 변신이었고, 내 인생의 성숙이라고 말할 수 있을 것입니다. 전쟁은 나를 인본주의 속으로 안내해 주었고, 나는 거기서 더 이상 빠져나가고 싶지 않습니다.

전쟁은 또한 사고의 관점에 있어서, 학문의 관점에 있어서 어떤 아이러니를 제공해 주었습니다. 투키디데스는 감동적이지만 전부는 아닙니다. 고등사범학교 수험준비반 1학년 2학년 때——1914년과 1915년 사이에——전선에서 일어났던 사건들보다도 마르켈

---

8) 《바렌 안의 짙은 회색의 수도사. 노스트라다무스적인 외출 *Le moyne noir en gris dedans Varennes. Sortie Nostradamique*》, Gallimard, 1984.

루스에 대항하는 시라쿠사의 항전에 수많은 전율을 느꼈지요. 그래서 나중에 전쟁에 다시 참가하게 되었을 때…… 그렇습니다, 그것은 극도의 나약함이라는 감정과 매일매일 행하는 무의미에 대한 감정을 불러일으킵니다. 인생은 게임입니다. 게임이 진행되다가, 어느 날 이유 없이 게임은 끝이 납니다.

■ 최근 선생님께서는 자신을 의연한 사람이라 하셨는데, 지금 보니 오히려 비관주의자인 것 같습니다.

의연한 사람들이라고 해서 다를 것은 하나도 없습니다. 물론 그들은 신을 인정합니다. 하지만 신에 대하여서 인간은 아무것도 할 수가 없습니다.

■ 결국 선생님의 모든 작품들은 신에 대해서만 이야기하고 있군요!

네, 하지만 그건 다릅니다. 신들에 대하여 이야기할 때, 나는 아주 신비한 것에 관한 다채로운 표현이나 어렴풋한 것으로 이야기합니다.

■ '아주 신비하다'라는 말은 무엇을 뜻합니까?

"어떻게 생각 가능한 끝이 없는 변화라는 것이 언어와 사상과 함께 무방비적인 인간에게 일어나게 되는가"를 뜻하는 것입니다.

■ 선생님께서는 즐겨 읽으시는 과학 서적에서 그 답을 찾았다고
생각하십니까?

그 책들이 문제를 제기했다는 것으로 만족해하고 있습니다. 최
근 《성과 죽음》[9]이라는 책에서 뤼피에는 아주 현명한 말을 하였습
니다. 그는 자신은 아는 것이 없다고 이야기하고 있지요. 현상은 존
재하고, 현상 자체로 만족한다고 했습니다: 수십억 개의 신경 세포
는 내가 한 사람이라는 인상을 부여하고, 내가 **한** 사람임을 느끼도
록 만든다는 것입니다. 이 **나**에 대해서 말하자면, 내가 죽은 후에
남게 되는 것들에 대해서 걱정을 하지 않습니다. 아마도 십중팔구
는 아무것도 남게 되지 않을 것입니다. 왜냐하면 의식은 물론 생각
과 비슷한 그 무엇도 만들지 못하지만, 사라진 후에 그럴듯하게 포
장하거나 구성할 수가 있지요: 그것은 언어입니다. 언어는 수많은
신경 조직을 전제로 합니다. 그러면 그 신경 조직들이 벌레에게 먹
히거나 불에 타서 재가 되었을 때는…….

---

9) 자크 뤼피에(Jacques Ruffié), 《성과 죽음 *Le sexe et la mort*》, Editions Odile
Jacob, 1986.

제 2 장
바르샤바, 이스탄불, 웁살라…

■ 제1차 세계대전 이후엔 무엇을 하셨습니까?

　1918년에서 1919년에 이르는 겨울에는 허송세월을 보냈습니다. 우리 부대는 어떠한 이동 명령도 받지 못한데다가 부대 자체도 눈 뜨고는 보지 못할 정도로 완전히 지쳐 있어서 라인란트 지역에 있는 숙영지로 이동할 수가 없었습니다. 우리는 그렇게 에피날 도시 부근에 남아 있을 수밖에 없었지요. 그리고 1919년 2월이 되어서야 학교로부터 통지서를 받을 수가 있었습니다. 보통 학생들은 3학년말에 교사자격시험을 치르기 위해 2학년 때 여유 있게 '고등교육 수료증'을 취득하는 데 필요한 졸업 논문을 준비합니다. 발령 통지서를 받았을 당시——아직도 군인 신분이었지만——고등학교 선생이 필요했던 교육부 장관은 교장선생과 짜고서 우리를 속였던 것입니다. 당시 교장선생은 우리들을 보호하기 위해 적어도 다음과 같은 통보를 하였어야 했는데도 말입니다: "학위에 필요한 논문은 나중에 제출해도 되니, 곧장 교사자격시험을 치르도록 하시오. 그런 뒤 나머지 1년 동안 편안히 논문을 쓸 수 있도록 해주겠습니다." 그리하여 1919년 12월 교사자격시험을 통과하였고, 곧바로 보베고등학교로 발령이 났습니다. 논문을 쓸 수 있게끔 해준다는 약속을 어겼노라고 내가 항의를 하자, 교장선생이었던 귀스타브 랑송은 품위는 있지만 말도 안 되는 답장을 보내왔어요: "당신에게 약속했던 것은 하나도 없습니다. 대학에서는 약속을 하는 일이 없습니다. 그냥 희망을 갖도록 내버려둘 뿐입니다." 나중에 나를 프랑스 아카데미 회원으로 받아들이는 의전 행사에서, 레비 스트로스는 답사를 통해 이 일화를 소개하면서 대학은 바뀐 것이 아무것도 없다고 하더군요.

결국 나는 여름 방학 때까지 보베에서 지내고, 1920년 가을 학기가 시작되기 전에 사표를 내기로 결정했습니다. 이때부터 《불멸의 향연》의 윤곽이 조금씩 잡혀 나갔다고 할 수 있지요.

■ 그렇다면 선생님께서는 이전에 벌써 논문 계획을 제출하셨던 겁니까?

아닙니다. 주제에 대해서 단지 머릿속으로만 생각하고 있었지요. 조금 전에 말씀드렸던 러시아의 발견이 내가 머릿속으로 생각하고 있었던 것들을 응집시켰던 것처럼 말입니다. 그런데 그게 잘못된 생각이었어요. 하지만 어쩌겠습니까. 7월에 보베고등학교로 돌아가지 않고 파리에 가서 일해야겠다고 결정했습니다. 휴가 신청을 하고, 계속해서 퇴직연금을 붓는 데 필요한 급여만을 수령해서 파리에 있는 도서관을 전전하며 논문에 대한 생각을 키워 나갔습니다. 파리에 있는 부모님 집에서 숙식을 해결했고요. 이것저것 하면서 용돈을 버는 것 이외에는 집에만 있었습니다.

■ 이것저것 하였다고 말씀하셨는데 구체적으로 무얼 하셨나요?

과외를 몇 군데 했고, 제1차 세계대전 참전용사 출신인 국회의원이 전쟁 희생자들을 위한 기념관 개관식에서 행할 연설문을 작성해 주기도 했습니다. 아주 성실하게 일했었습니다. 몇 주에 걸쳐서 그 연설문을 작성했으니까요. 그리고 여러 논쟁거리들을 종합하는 일을 학교에서 나한테 맡기는 바람에 그 일도 하였는데, 학생들이 사용하는 은어로 타피(tapir)[원래는 개인 교습을 받는 학생을 뜻한다]라고 하지요. 그런데 그 일은…… 구체적으로 이야기를 해야겠군요. 당시 의회와 언론에서 고등교육에 있어서 라틴어의 위상에 관한 대토론회가 있었는데, 고등사범학교 출신의 레옹 블룸과 레옹 베라르는 라틴 문화와 인본주의에 대해서 서로 의견을 달리하고 있었습니다. 양편으로 갈라서 있는, 소위 교육을 받았다고 하는 이들은 당시 모국어에 대한 사랑에 공감하고 있던 터였습니다. 의회에서 매우 훌륭한 연설들이 쏟아져 나왔고, 중앙아메리카 어느 공화국인지는 잘 모르겠지만 잘둠비드라는 대사는 이 설전에 많은 관심을 나타냈지요. 그리하여 나는 합당한 보수를 받는다는 조건으로 《르 주르날 오피시엘》(관보)에 보도된 내용에 의거해, 논쟁에서 있었던 내용을 종합·작성하는 일을 맡았습니다.

뿐만 아니라 당시에는 문화교류과라 불렸습니다만, 지금으로 말하면 프랑스 외무부 문화사업과의 요청으로 외무부와 교류 관계에 있고 루마니아에 본사를 둔 한 신문의 통신원으로도 일했습니다. 논문 준비 과정에 있었기 때문에 내가 하는 일은 신문 기사들을 스크랩하고, 큰 봉투에 담아서 이틀에 한 번 저녁마다 리옹 역에 가져다 주는 일이 고작이었습니다. 왜냐하면 오리엔트 급행열차의 한 직원이 내 급료를 전해 주었거든요. 그런데 논문 계획도 진척이 잘 안 되었고, 《탱플》이란 신문도 발간된 적이 없었어요. 그래서 1921년 말까지는 용돈 정도밖에 벌지를 못했습니다: 《불멸의 향연》은 아주 천천히 진행될 수밖에 없었지요.

당연히 그렇게 생활을 지속할 수는 없었습니다. 그래서 외국 문화 교류 사업 부서에 빈자리가 있는지 물었습니다. 마침 자리가 하나 있었어요. 승전국에게는 언제나 무언가를 전파할 수 있는 기회가 부여되기 때문에 국경 밖에 있는 교육계에도 자리가 생기게 되지요. 그리하여 나는 바르샤바대학교에 초대 프랑스어 강사로 들어갔습니다. 거기서 6개월 동안 근무했습니다. 내가 프랑스문학을 가르쳤다는 사실을 알려 주게 되는군요!

■ 어느 작가에 대한 강의를 하셨습니까?

고전주의 작가에 대하여 강의했습니다. 라신을 가르쳤지요.

■ 그런데 그다지 만족스럽지 못하셨나 보죠?

네, 더구나 내가 프랑스를 떠난 것이 처음인데다가 반응도 별로 좋질 못했어요. 프랑스로 다시 돌아오고 싶었어요. 탐험가 같은 적성은 없구나 하고 생각했지요. 외국에 나가는 걸 좋아하는 취향은 아주 나중에 생겨났습니다. 6개월을 다 채우고 나서 사직서를 냈습니다. 덧붙이자면 내 논문 계획이 최종적으로 짜여진 것은 바르샤바에서였습니다: 안나 페렌나 여신(女神)에 관한 오비디우스의 문헌에 손을 댔는데, 내가 보기에는 이 문헌의 '불사(不死)'의 영양분은 바로 인도-유럽인이라는 것을 뒷받침해 줄 수 있는 것으로 보여졌었습니다. 나는 서둘러 파리로 돌아와서 논문을 써나갔습니다.

1921년 여름 파리로 돌아오면서 3년짜리 박사 과정 장학금을 받게 되었는데, 그 장학금이 연구하는 데 큰 도움이 되었던 건 아니고 그저 근근이 버텨 나갈 수 있을 정도였습니다.

게다가 계속해서 아르바이트를 했습니다. 예를 들면 러시아에서 이민 온 어떤 사람이——일본학에 탁월한 사람이었는데 금방 미국으로 스카우트되더군요——일본 대사관에서 후원하고 있는 잡지를 위해서 일본어를 프랑스어로 번역해 놓은 것을 다시 정확한 프랑스어로 교정하는 일을 했었습니다. 이 일은 기메박물관에서 마련해 준 일이었습니다. 이 잡지의 이름은 《일본과 극동》이었고, 세르주 엘리세이프는——당시 그의 둘째아들인 바딤은 아주 갓난아기였습니다——이 잡지를 통해서 일본에 대한 아주 재미있는 정보들을 알게 해주었습니다. 물론 그가 번역해 놓은 프랑스어를 통해서 말입니다.

■ 그러면 선생님께서는 그 당시에 논문 작성을 시작하셨겠군요.

그렇습니다. 논문은 1923년말까지 끝내도록 준비했지요. 내 논문의 인쇄는 기메박물관에서 맡아 주었습니다. 그리고 1924년에 논문을 발표했습니다.

■ 전에도 말씀하셨지만, 선생님께서는 강의를 듣지 않으셨다고 하질 않았습니까?

몇 개의 강의는 들었습니다. 쥘 블로크 교수의 산스크리트와 폴 부아예 교수의 지도하에 있는 동양언어학교에서 러시아어 강의 외에 콜레주 드 프랑스에서 4개월 동안 메이예 교수의 강의를 들었습니다. 사회학자인 앙리 위베르 교수는 자신의 강의를 듣지 않았다고 두고두고 뭐라 하더군요.

■ 그러면 모스 교수는요? 당시 모스 교수는 강의가 없었나요?

그의 강의도 있었습니다만 나는 듣지 않았습니다. 나는 프랑스사회학학교에 대한 반감을 가지고 있었습니다. 특히 뒤르켐에 대해서 말입니다. 어떤 학문이든간에 논문의 내용을 전개하는 데 있어서 '방법론의 규칙' 이 있다고 한 책을 출판한 걸 보면 도저히 이해할 수가 없었습니다.

■ 예, 하지만 뒤르켐은 작품을 만들어 내질 않았습니까? 그것도 아주 굉장한 작품을 말이에요.

뒤르켐이 《사회학 방법론의 규칙》을 출판한 것은 훨씬 이전의 일이었습니다만, 어쨌든 내가 보기에는 너무 형식주의에 빠져 있는 것 같이 여겨졌습니다. 이미 인쇄가 끝난 논문을 발표하러 갔을 때, 내 논문 지도를 해주기로 했던 메이예 교수만이 홀로 나와서 양심의 가책을 느꼈는지 위베르 교수와 모스 교수를 만나 보라고 하더군요. 논문을 작성하는 동안엔 한번도 그들을 만나 보라고 한 적이 없었습니다. 반대로 어느 날 사회학자들에 관해 이야기하다가 손가락을 추켜올리면서 "그들한테 이 논문을 보여 주어야겠군"이라고까지 하였습니다. 위베르 교수는 나와 말하기 싫다면서 논문심사위원이 되어 줄 수도 없고, 논문 발표에도 오지 않겠다고 했어요. 모스 교수도 논문 발표에는 오지 않았지만, 그래도 내가 찾아갔을 때 위베르 교수보다는 덜했어요.

■ 이후 그 교수들과의 관계는 좀 나아지셨습니까?

위베르 교수와의 관계는 거기서 끝이 났습니다. 병을 얻어 저서 담당 부서의 책임자로 있던 장 막스를 후임자로 선정하고 학교를 떠났거든요. 반면에 모스 교수는 1940년까지 직책을 수행했습니다. 그가 종교대학 학장으로 재직할 당시 전쟁이 터졌습니다. 그는 유대인이었기 때문에 학장 자리에서 물러나야만 했습니다. 그리고 공식적으로 은퇴를 하였지요. 대학은 당시 상황 판단을 하지 못하고 독립 기관인 양 마르셀 그라네를 그 자리에 임명했습니다. 하지만 그것이 그의 사형 선고가 되고 말았습니다.

■ 왜죠?

그가 학장으로 선출된 직후 비시 정부 교육부 산하의 파리 교육 감으로부터 호출을 받았습니다. 그들 사이에 오간 말이 무엇이었 는지 모르겠습니다만, 그라네는 집으로 돌아오자마자 테이블 앞에 앉아서 머리를 감싸쥐고는 영영 일어나지 못했습니다.

■ 모스 교수의 이야기로 돌아갑시다. 위베르 교수와는 달리 모 스 교수와는 논문 발표 에피소드 이후 친해졌습니까?

네, 그와는 급속도로 친해졌어요. 아주 정이 많은 사람이었습니 다. 나한테도 그랬지만, 아마도 모든 사람들에게 아주 개방적인 사 람이었을 겁니다.

■ 그는 선생님의 논문에 대해 뭐라고 하던가요?

그는 《사회학의 해》라는 기고문에서 아주 현명한 방법으로 다음 과 같이 말하였습니다: 이 논문은 어떤 궤도에 올라와 있다고 볼 수 없다. 하지만 그 주제는 아주 흥미로운 것이어서 나중에 다시 연 구할 만한 가치가 있다라고. 그가 말한 것 중에 한 가지는 맞습니 다: 논문 수준이 궤도에 올라와 있지 않다는 것 말입니다. 하지만 나는 그 주제에 대해 다시 연구하지 않았습니다.

■ 선생님께 모스 교수의 영향이 컸다고 생각하십니까?

물론입니다. 그가 염려했던 방법론은 아니지만——그는 강의 준비를 전혀 하지 않으셨습니다. 그래서 예상치 않았던 지엽적인 문제에 대해서는 갈피를 잡지 못했습니다——무엇보다 보편성에 대한 성향에 있어서는 그렇습니다. 오세아니아에 관한 것뿐만 아니라 북아메리카에 대해서도 그가 가지고 있는 지식은 대단했습니다……. 그의 지식은 국경을 초월했다고 봐야지요. 모스 교수는 한 분야에 대해서, 그리고 같은 문제에 대해서 너무 치우쳤다고 생각하면 곧바로 다른 분야로 눈을 돌렸어요.

■ 선생님께서도 마찬가지로 언제나 국경을 초월하고, 분야를 초월하려고 노력하지 않으셨습니까.

사실입니다. 내 연구 분야인 인도-유럽 이외에도 코카서스 민속과 언어에 대한 연구는 나에게 인공심장이나 다름없었습니다. 나는 인간이 숨쉬고 있다는 느낌을 가지고 있었습니다. 우리는 여기에 관해서 반드시 이야기하리라 예상됩니다.

■ 하지만 선생님께서 연구하신 인도-유럽어족 범위 내에서조차도 이 지방 저 지방을 끊임없이 넘나들었잖습니까.

그렇습니다. 하지만 나는 적어도 일정한 범위가 있었습니다. 인도-유럽이라는 단어에서 보듯이 말입니다.

■ 《호모 아카데미쿠스》에서 피에르 부르디외[1]는 선생님을 클로

드 레비 스트로스와 함께 전통적인 대학의 영역이 아닌 교육 기관 이외의 영역에서 활동한 이들 가운데 한 사람으로 소개했습니다. 그때부터 선생님께서는 벌써 자신을 아웃사이더라고 생각하셨습니까?

나는 아웃사이더였습니다. 어쨌거나 위베르 교수도 나한테 이렇게 말했어요: "이쪽으로 진로를 선택할 필요는 없네. 왜냐하면 자네는 무엇보다 연구 실력이 그다지 좋지 않은데다가 나는 벌써 장 막스를 후임자로 정했다네." 나는 무얼 해야 할지 잘 몰랐습니다. 그리고 내가 결혼하게 된 것은 바로 그때였습니다.

■ 선생님께서 그때 쓰신 논문 내용의 대부분은 프레이저의 영향을 받으셨더군요.

특히 《황금 가지》라는 작품의 영향을 많이 받았습니다. 토테미즘에 관한 그의 저서는 나와는 별로 상관이 없었습니다. 왜냐하면 그 작품에는 아메리카와 오스트레일리아 인디언에 관한 문제밖에 없었으니까요. 하지만 《황금 가지》에서 인도-유럽어족에 관한 소재를 얻어냈지요, 적어도 유럽인에 관해서 말이지요.

■ 그 책은 언제 읽으셨나요?

---

1) 피에르 부르디외, *op. cit.*, p.143.

논문을 쓰기 직전에 읽었습니다.

■ 그렇다면 선생님께서는 그 책에서 그러한 지적 영향을 받으셨겠군요?

사실입니다. 특히 나의 추가 논문인 《렘노스인(人)들의 범죄》[2]는 그 책의 영향을 아주 많이 받았습니다. 《숲과 논밭 의례》를 쓴 빌헬름 만하르트의 계승자인 프레이저는 모든 것은 신화이거나 아니면 수지상제식(樹枝狀祭式)이라고 했습니다. 나는 자신들의 아내에게 떼죽음을 당하는 렘노스 남자들에 관한 전설에서 프레이저 논문들을 기계론적으로 적용시켰습니다.

■ 그 당시 신화학 연구에 있어서 프레이저의 영향은 지배적이었습니까?

물론이지요. 나도 그 영향에서 완전히 벗어나질 못했습니다. 그는 여러 가지 면에서 옳았습니다: 내가 '3기능' ──다산(多産)과 풍요(豊饒)──이라고 명명한 대부분의 내용은 프레이저가 말한 내용과 일치합니다. 단지 내가 보기에 프레이저는 1기능과 2기능을 소홀히 했던 것 같습니다. 그리고 그보다 더 중요한 사실은 1기능을 3기능으로 옮겨 놓았다는 사실입니다. 왕들은 본질적으로 자

---

2) 《렘노스인(人)들의 범죄 *Le crime des Lemniennes*》, 《에게인들의 제식과 전설 *Rites et légendes du monde égéen*》, Geuthner, 1924.

신들의 삶이나 죽음을 통해서 국가의 번영을 보장하는 재능이 있던 사람들이었습니다. 사회 계급이나 기구들을 담당했던 것은 아닙니다. 적어도 《황금 가지》에서는 그렇습니다.

■ 가끔 그것을 읽으십니까?

네, 그 책은 여기 책꽂이 두번째 칸에 있습니다.

■ 그 책을 참고하기도 하나요?

상대적으로 덜한 편입니다. 마지막 권은 아주 유용한데도 말입니다. 이 책은 색인이 아주 잘되어 있습니다. 이 열두 권의 책은 약간은 어수선하기는 하지만 색인이 아주 명확하게 정리되어 있어서 결코 혼동되는 일이 없습니다. 아주 훌륭한 연구 교재입니다.

■ 1924년에는 논문을 쓰셨고, 결혼은 1925년에 하셨고, 이때가 터키로 자리를 옮겼던 해인가요…….

네, 당시의 연구 부서는 오늘날과 같은 규모가 아니었습니다. 장 막스와 몇 명의 직원이 전부였습니다: 그의 곁에는 특히 폴 모랑과 장 미스틀러가 있었습니다. 장 막스는 사람이 아주 좋은데다가 대학에 내 자리를 마련해 주려고까지 했던 사람이었습니다——실제로 당시 위베르는 은퇴를 하고, 막스가 그 자리에 선출되었습니다——그는 나를 돕기 위해 애썼습니다. 그때도 그렇고 나중에도 말입니다. 그는 또 이스탄불대학교 산하의 이슬람신학대학에서 종교사 강좌가 개설될 거라고 알려 주었습니다: 무스타파 케말은 당시에 재기되기 시작했던 터키에서의 성직자들에게 집중된 경향을 완화시키고 싶어했습니다. 프랑스에서 종교사 강좌가 이런 일에 도움을 주었다는 이야기를 누군가가 그에게 했던 모양입니다. 당연히 나와 아내는 주저할 것이 없었습니다. 막스가 모든 일을 알아서 해주었습니다. 계약서를 작성해 준 것도 그였습니다. 이스탄불에서 6년을 지냈습니다: 3년짜리 계약을 두 차례 하였기 때문입니다. 1925년, 우리는 마르세유에서 배에 올랐습니다. 크리스마스가 얼마 남지 않았을 때입니다. 에게 해에서 이는 폭풍이 얼마나 심했던지! 물론 당시에는 터키에 가는 방법이 배나 오리엔트 익스프레스 열차밖에는 없었습니다. 성직자적인 경향을 줄이고자 하는 것에 관해 말하자면, 자존심이 아주 강한 이슬람 사제들은 화를 낼 수 있는 상황이 아니었습니다: 나는 한번도 '경전'에 대해 말하질 않았기 때문입니다. 거기다가 2년째부터는 비밀리에 문과대학으로 자리를 옮기려고 준비를 해두었습니다.

■ 이후 선생님께서 연구하는 데 있어서 터키에서의 체류는 아주 중요한 역할을 하게 되었습니까?

꼭 그렇지는 않습니다. 내가 연구하는 데 있어서 필요한 자료를 갖춘 도서관이 거기는 없었기에 인도-유럽어족의 연구는 바캉스 기간 파리에 있을 때에만 가능했었습니다. 모든 면에서 터키는 아주 행복했었습니다. 하지만 연구에 관한 한, 인도-유럽어족에 관한 연구는 거의 중지 상태일 수밖에 없었습니다. 그런데도 《켄타우로스의 문제》를 출간한 것은 내가 터키에 있을 때입니다. 하지만 이 책은 본래 그 전에 준비되었습니다. 터키에 있을 때, 특히 중요한 일은 코카서스 사람들을 만나게 되었다는 것입니다.

■ 터키에서의 체류가 선생님의 연구에 중요한 역할을 하게 되었느냐고 여쭈어 본 것은, 단지 오늘날까지도 계속하고 있는 두번째 연구를 거기서 시작하게 된 것인가를 알고자 했던 것입니다.

그건 사실입니다. 하지만 그때 시작한 연구는 내가 예상하지 않았던 순수언어학 연구가 되었습니다.

■ 하기야 선생님께서 하신 이 연구 분야는 인도-유럽어족과는 아무 상관이 없습니다.

아닙니다. 반대로 아주 관계가 많습니다. 왜냐하면 내가 연구했던 것은 오세트인들이었습니다. 나중에 벤베니스트를 만나 그와 오세트인들에 대해서 이야기를 나눈 계기가 되었던 《아시아 신문》의 1930년 기사에서 이들을 다루게 됩니다. 오세트인들은 지역적으로 코카서스 민족 가운데 하나입니다. 하지만 그들은 다른 코카서스인들과 판이하게 다릅니다. 그들은 분명 인도-유럽인이었던 스키타이인들의 직계 후손입니다. 나는 터키로 이주해 온 오세트인들을 만날 수 있으리라 생각했습니다. 오랫동안 만나지는 못했지만 그들을 찾는 가운데 체르케스인들과 우비크인들을 만나게 되었고, 금방 그들에게 관심을 갖게 되고, 또 정이 들게 되었습니다. 그러면서 내가 인도-유럽어족에 관한 연구를 포기하게 되는 것은 아닌지, 그리고 당시 그다지 새롭지는 않더라도 코카서스어에 관해 더욱 진지하게 전념을 다해 연구하는 것이 가장 현명한 일은 아닌지 하는 염려들이 주마등같이 머리를 스쳐갔습니다.

■ 선생님께서는 얼마 동안 거의 그렇게 하질 않았습니까?

네, 하지만 얼마 안 가서 곧 그것이 그다지 중요한 것이 아니라는 생각을 하게 되었습니다.

■ 다시 말해 터키를 떠나면서 그렇게 되었다는 말씀인가요?

터키에 있을 때, 거기에 많은 시간을 할애했습니다. 1927년, 처음으로 코카서스인들을 만나게 되었습니다. 1929년, 1930년, 그리고 1931년에 나는 코카서스인들이 모여 사는 마을에 가보았고, 이스탄불에서도 많은 코카서스인들을 만나게 되었습니다.

■ 어떻게 해서 오세트인들의 발자취에 대한 연구를 시작하게 되었는지 설명해 주셨으면 합니다. 어떻게 그들에 관해서 알게 되었습니까?

그것은 내 일생에서 우연히 찾아온 행복 가운데 하나입니다. 내가 만약 언어학자였다면 오세트어는 잘 알려져 있는 언어이고, 인

도-이란어족의 이란 계통에 속해 있으며, 고대에는 그 인구가 러
시아 남부 지역 전체에 분포되어 있었고, 카스피 해까지 확장해 있
던 스키토-사르마티아 전역의 광활한 지역에 사용되던 방언들 가
운데서도 새로운 형태의 방언이었다는 사실을 알았을는지 모릅니
다. 하지만 나에게 있어서 그것은 하나의 이름에 불과했습니다.
1926년 여름 동안 릴 가(街)에 있는 동양언어학교에서 다양한 국가
들에 관해, 그리고 다양한 러시아 언어에 관해 출판된 책의 전시회
가 있었습니다. 그것은 새로운 제도를 대대적으로 선포하는 내용을
그림으로 묘사한 것이었습니다: 당시까지 거들떠보지도 않았고, 억
압당하였던 수많은 민족 방언들이 빛을 보게 된 것입니다. 거기서
나는 우연히 오세트어로 된 잡지들을 발견하게 되었습니다. 그 잡
지들은 러시아어로 번역된 나르트인들에 관한 수많은 전설을 담고
있었고, 인도-이란 문자는 곧바로 나의 흥미를 불러일으켰습니다.
이것이 기나긴 연구의 시작이 된 것입니다: 오세트 문화는, 피가니
올의 조롱을 받으면서까지 인도·로마·스칸디나비아와 마찬가지
로 내 연구의 중심축 가운데 하나가 된 것입니다: 코카서스의 알려
져 있지 않은 소수 부족들이 신성 로마 제국에 빛을 주었다는 것 아
니겠습니까!

■ 《신화와 서사시 I》은 크게 세 부분으로 나눌 수 있는데 첫번째
는 《마하바라타》에 관해서, 두번째는 로마에 관해서, 세번째는 오
세트인들에 관해서 다루고 있습니다.

　네, 그렇기 때문에 그 책은 벌써 그토록 두툼해진 것입니다. 그리

하여 네번째 장에서 다른 인도-유럽어족에 관한 증언들을 극단적
으로 축소시킬 수밖에 없었습니다.

■ 1926년으로 돌아갑시다. 선생님께서는 당시 오세트의 나르트
서사시를 자신이 연구해야 하는 것으로 여기고 바캉스가 끝날 즈
음 이스탄불로 돌아오셨습니다. 그리고 오세트인들과 인간 관계
를 가지려고 애썼지만 그러지 못하였고요…….

  러시아 황제의 군대에 의해 코카서스가 점령당할 무렵인 19세기
에, 조상들이 오토만 제국으로 이주한 오세트인 몇 사람을 만날 수
있었으면 하고 바랐습니다. 그렇게 찾았지만 헛수고였습니다. 터
키로 이주한 오세트인들은 극히 소수였고, 이스탄불에는 한 명도
없었습니다. 체르케스인들이나 다게스탄인들은 이스탄불에 잔뜩
있었는데 말입니다. 체르케스인들이 오세트에서 들어온 흥미진진
하고 다양한 나르트 전설을 알고 있었기에 나도 그쪽으로 관심을
돌렸습니다. 그리고 곧바로 풍습과 언어에도 관심을 보이자 그들도
나에게 관심을 갖기 시작했습니다. 하지만 그것은 시작에 불과했
습니다. 체르케스인들에게는 그들의 친척쯤에 해당하는 극소수의
사람들이 있었던 것입니다. 나는 그런 사람들이 존재하는지조차 몰
랐습니다만, 나중에는 그들이 내 연구의 중심에 서게 됩니다. 사실
체르케스어가 속해 있는 어군(語群)에서 '북-서 코카서스어'는 3개
언어로 구성되어 있습니다: 체르케스어·아브하즈어·우비크어.
체르케스어와 아브하즈어는 소련에 있는 코카서스 지방에서 아직
까지 사용되지만 우비크어는 사라졌습니다. 우비크인들은 다른 2

개의 체르케스 부족과 더불어 러시아의 점령에 최후까지 저항하였지만, 패한 후에는 시베리아로 보내지거나 유배지로 떠나는 길밖에 없었습니다. 그들 모두는 그렇게 떠났습니다. 하지만 그들의 숫자는 너무나 적었고, 또 새로운 정착지에 마을을 건설하기 위해서 체르케스인들이나 아브하즈인들과 협력하여야 했습니다. 숫자도 적은데다가 체르케스어나 아브하즈어를 구사할 줄 알았기에 자신들의 언어에 대해 소홀해질 수밖에 없었고, 이러한 상황은 그들의 자식들 대(代)에 와서는 훨씬 심각한 상태가 되었습니다.

1929년 《코카시카》라는 독일 잡지에서, '사라져 가는 언어'로 분류된 우비크어에 관해 처음으로 기술한 내용을 읽게 되었습니다. 이 기사는 아돌프 디르에 의해 작성된 것인데, 이 독일인은 1914년 전쟁 동안 티플리스대학교에서 강의를 했던 인물이고, 수년 전부터는 당시까지 알려지지 않은 인디언들의 언어를 연구하기 위해서 코카서스 지방의 계곡이 있는 현지에서 바캉스를 보내고, 매해 정기적으로 아주 새로운 내용들을 발표하는 그런 사람이었습니다. 1913년 그는 우비크에 관한 연구를 완성시키기 위해, 당시 우비크어를 사용하는 지역으로 가서 그 말을 듣고자 터키로 떠났습니다. 그는 우비크인들이 주로 살고 있는 사판자 호수 근처의 마을에서 1개월 동안 머물렀지요. 하지만 티플리스에서 전쟁이 터지는 바람에 그곳을 탈출하면서 그동안 적어 놓은 대부분의 기록들을 상실하게 됩니다. 따라서 1927년 자신에게 남아 있는 우비크에 관한 내용들을 출간하기로 했던 계획을 포기했습니다. 상황이 여의치 않았던 관계로 나의 관심은 언제나 그에게 남겨진 잔존 기록들에 쏠려 있었습니다. 그리고 1929년 그의 기록을 손에 넣자마자 일종의 의무감을 느꼈

습니다: 언어학적인 조사에 대한 준비 부족에도 불구하고 그때 그렇게 하였어야 했는지 모르겠지만, 디르가 했던 연구를 계속해서 이어가고, 또 완성하여야 했습니다.

그래서 그가 머물렀던 마을로 갔고, 아직도 30명 가량의 노인들이 자신들의 언어를 말할 줄 안다는 사실에 무척이나 기뻤습니다. 나는 디르가 연구했던 한 촌로의 집에서 기거할 수 있었습니다. 그리고 다음해 다시 그 마을을 방문했고, 서둘러서 그것도 급히 서둘러서 디르가 연구하였던 것보다 조금 진전된 우비크어에 대한 연구서를 출간할 수 있었습니다. 하지만 거듭 이야기하건대 이런 종류의 연구에 대한 준비가 되어 있지 않았고, 불행하게도 우비크어의 음운 체계는 너무나 복잡한데다가 우리의 음운 체계와도 많이 달랐습니다. 세계에서 가장 풍부한 자음 체계 가운데 하나였습니다: 자음은 82개나 되었고, 이 82개 자음 사이에서 단지 3개의 모음만으로도 충분히 음운을 형성할 수가 있었습니다. 이 체계를 디르가 하였던 것보다 훨씬 더 실제와 가깝게 할 수는 없었습니다. 내가 만든 기호 체계는 아주 감각적인 것에 기초한 것이었습니다. 다시 말해 어렴풋이 만든 것이고, 부정확했습니다. 이 연구는 1929년, 1930년, 그리고 1931년에 진행되었던 것입니다.

1931년, 나는 터키를 떠나 스웨덴으로 갔습니다. 그리고 1933년 파리로 돌아왔습니다. 디르처럼 우비크어는 우리가 만났던 노인들과 더불어 사라져 가리라 확신하며, 이제 겨우 시작한 연구를 접어야만 했습니다. 그런데도 나는 아직까지 살아남아 있는 우비크어를 다시 찾게 되었습니다. 그것도 제2차 세계대전이 끝나고 4반세기가 지난 다음에 말입니다.

■ 방금 전 인도-유럽어족에 관한 연구를 중단할 뻔하였노라고 말씀하셨는데요. 그것을 다시 하게 된 계기는 무엇입니까?

어느 날, 메이예가 터키에 왔다고 생각해 보십시오. 그가 그리스에서 강연을 하고 있었는데, 터키인들이 그를 이스탄불로 불러들이라고 나에게 요구해 왔습니다. 내가 《켄타우로스》를 발표한 이후 그는 벤베니스트 및 또 다른 제자들과 더불어 연구를 하고 있었고, 내 연구는 장래가 없을 것이라 믿고 있었습니다. 그는 나에게 비교적 솔직히 말해 주었습니다: "외국으로 나가서 일을 찾으세요. 프랑스에는 당신의 자리가 없습니다." 메이예와의 대화는 어쨌든 나를 의기소침하게 만들었습니다. 나는 코카서스 언어가 프랑스에서 '대체할 수 있는 직업'의 요건이 될 것이라고 생각했습니다. 하지만 나는 35세나 되었고, 자식이 둘이나 있었기에 미래를 생각지 않을 수 없었습니다.

아주 중요한 일이 벌어진 것은 그때였습니다: 웁살라대학교에 외국인 강사 자리가 비어 있었습니다. 1925년 터키로 떠났던 것은 궁여지책 때문이었습니다: 나는 게르만어에 친숙해지기 위해 스칸디나비아로 떠나고 싶었습니다. 당시의 프랑스 문학 강좌는 웁살라에서 인기가 있었고, 2년마다 계약을 갱신할 정도로 스웨덴인들 또한 그의 강좌를 아주 좋아했습니다. 정상적으로는 2년 계약을 4회에 한하여 갱신할 수밖에 없었습니다만, 그는 예외적으로 9년째 그 자리에 있었던 것입니다. 그리고 기한이 만료되자마자 장 막스는 나에게 이 소식을 전해 주었습니다. 나는 터키에서의 교수 활동을 곧장 접고, 단순한 어학 강사로 웁살라대학교에 들어갔습니다. 이러한 선택에 대해 후회하지 않았으며, 게다가 이 선택이 나의 인생뿐만 아니라 생활 습관에 이르기까지 거의 모든 것을 바꾸는 계기가 되었습니다.

■ 왜죠?

스웨덴인들이 내 자신보다도 엄격하였기 때문입니다. 나는 동양인화되어 있었던 것입니다. 모든 것을 쉽게 생각하려는 경향이 있는데다가 터키에서의 생활도 직업적으로 용이함을 추구하여 그런만큼 융통적인 것에 익숙해 있는 반면, 웁살라대학교는 정확하게 짜맞추어진 기계와 같았습니다.

■ 선생님께서는 스웨덴에 2년 동안 있었습니까?

네, 1931년 10월부터 1933년 7월까지 있었습니다.

■ 거기서 인도-유럽어족에 대한 연구를 진지하게 다시 시작하신 것입니까?

그렇습니다. 6년 전부터 하고 싶었던 일이기에, 나는 아주 정력적으로 스칸디나비아에 관한 연구를 시작했습니다. 그렇다고 해서 터키에서의 삶을 후회하는 것은 절대 아닙니다. 여러 가지 면에서볼 때, 터키에서의 생활이 내 인생에 있어서 가장 행복했던 기간으로 여겨지기조차 하니까요. 반면 그때는 내 연구에 그다지 큰 진전은 없었습니다.

파리로 돌아왔지요. 그리고 1933년 6월, 에콜의 종교학부에 곧장 임용되었습니다. 물론 실뱅 레비의 의도에 따른 것이었습니다. 당시의 학과장들은 굉장한 권위가 있어서 감히 그 뜻을 거스를 수 없을 정도였습니다. 다시 말해서 각 부서는 아무 소리 못하고 실뱅 레비의 말에 따랐던 것입니다. 나는 '비교신화학' 연구실장에 임명되었습니다. 이 명칭 또한 실뱅 레비가 아주 과감하게 지어 준 것입니다. 나중에야 명칭을 정정하여, 정확히 인도-유럽어족이라 명명하게 된 것이지요. 하지만 초기에는 그저 '비교신화학'일 뿐이었습니다. 그리고 라발 결의안이 발표되었습니다. 이는 2년 동안 모든 직원의 모집을 금하는 것이었습니다. 다행히도 에콜은 시간 강의를 배정할 수 있는 권한을 지니고 있었습니다. 그렇게 해서 나는 1935년까지 버텨 나가게 되었던 것입니다.

실뱅 레비는 진정한 나의 은인이었지요. 학과장이었던 그는 일처리에 있어서 아주 신중했습니다. 그렇게 해서 나는 새로운 선거를 거치지 않고, 처음으로 당시 비어 있던 자리를 차지하게 되었습니다. 그런데 담당 부서에서 행정 처리를 질질 끌어, 10월초면 개학을 하는데도 나에 대한 임명을 미루고만 있었습니다. 실뱅 레비가 수차에 걸쳐 힘을 쏟았는데도 아무런 효과가 없었지요.

우리는 아직도 그 이유를 알지 못합니다. 어쩌면 재심의가 없었기 때문에 절차가 공정하지 못한 것으로 판단했던 듯합니다. 어쨌든 그 일은 아주 희한한 방법으로 해결되었습니다. 제3공화국으로 정권이 바뀌면서 자연스레 해결된 것이지요. 알다시피 나는 피에르 각소트와 잘 아는 사이입니다. 그는 에콜 노르말의 동료였는데, 어쩌면 이전부터 왕당파였는지는 알 수 없으나 완전히 왕당파 입장에 서면서 조르주 망델과 또 르 망델 드 클레망소와 서로 존중하는 사이인데다가 절친한 친구이기도 했습니다. 각소트가 그를 찾아가 이같이 말했다 합니다: "뒤메질에게 그렇게 하면 일이 우습게 되어집니다." 24시간 후, 모든 것이 해결되었습니다. 그렇게 나는 임명이 되었습니다. 실뱅 레비는 곧장 그 결과를 전화로 알려 주었습니다. 그리고 며칠 후, 그는 독일을 탈출해야만 하는 유대인들의 운명을 지나치게 염려한 나머지 그만 숨을 거두고 말았습니다. 나는 1939년 6월까지 에콜에서 강의를 했습니다.

■ 선생님께서 마르셀 그라네를 만났던 때가 1933년 에콜에 들어갔을 무렵이라고 생각되는데요.

그래요, 그라네를 만날 수 있는 기회를 갖게 되었습니다. 1933년 스웨덴에서 돌아왔을 때, 실뱅 레비가 이렇게 말하였습니다: "이러한 방문은 금지된 일이지만, 그래도 이런저런 분야의 학장들을 만나 보도록 하세요. 하지만 만나 보도록 권하고 싶지 않은 이가 한 사람 있는데, 그는 다름 아닌 그라네입니다. 어쩌면 문전박대를 할는지도 모르겠습니다. 그는 당신에게 좋은 감정이 아닐는지도 모르니까요." 그렇지만 나중에 나를 책으로 매혹시켰던, 위대한 그를 만나러 가지 않을 수 없었습니다. 그는 나를 당장에 내쫓는 게 아니라 "당신을 10년이나 기다렸습니다" 하고 맞이하더군요. 그리고는 심하게 꾸짖었습니다.

■ 뭐하고 하던가요?

내가 하는 연구는 아무런 가치도 없고, 또 그 이유가 무엇인지 말해 주더군요. 하지만 이미 몇 년 전부터 나는 그의 말이 옳다고 여기고 있었습니다…….

■ 그 말을 어떻게 하던가요?

노골적으로 말하더군요. 나는 그의 말에 기분이 상해서 조금 당황했습니다. 내가 약간의 항의를 하리라고 예상했던지, 배웅하며 이렇게 말하였습니다: "지금까지 당신은 바보 같은 소리만 했습니다. 하지만 똑똑한 바보 같은 소리였어요"라고 말입니다.

■ 그러한 일을 겪고서도 선생님께서는 그의 세미나에 참가하셨습니다.

그것은 조금 지나서의 일입니다. 처음 만났을 때, 세미나에 참가하겠다는 생각일랑은 전혀 없었습니다. 하지만 나는 반드시 훌륭한 사람이 되고 싶었습니다. 그리하여 2년 동안 동양언어학교에서 중

국어 수업을 들었습니다. 혼자서 그 내용을 숙지할 수 있는 정도에
는 미치지 못하였지만 설명을 따라갈 수준쯤 되었을 때, 그라네에
게 강연에 참석할 수 있도록 해달라는 부탁을 하였습니다. 그는 그
부탁을 받아들였고, 나는 2년 동안 그 강연을 들으면서 그를 지켜
보았습니다.

■ 그렇다면 중국어에 새로운 열정을 품게 되었단 말씀입니까?

　무엇보다 중국어는 내 어렸을 적 꿈이었습니다. 중국어를 해서 내
가 어떻게 되겠다는 생각 따위는 할 수 없었지만, 중국어를 좋아하
게 된 것은 사실입니다. 몇 개월 동안 하루 5,6시간씩 이 아름다운
중국 문자들을 노트에 적다 보니, 아주 위대한 인본주의의 승리 가
운데 하나라는 생각이 들었습니다.

■ 하지만 선생님께서는 중국에 관한 글을 쓴 적이 한번도 없지
않습니까. 물론 중국 종교에 관한 선생님의 글을 본 기억 역시 전
혀 없는데요.

　내가 뭐라고 언급할 수 있겠습니까? 거기에 대해 말할 수 있으려
면 오랫동안 열심히 연구해야 합니다. 금방 파악할 수 있는 페루의
케추아어와는 다르지요.

■ 게다가 중국엔 방문한 적도 없는데, 이유가 무엇이지요?

터키로 코카서스인들을 만나러 가는 것보다 중국으로 가는 것이 훨씬 어려웠습니다.

■ 그렇다 하더라도 선생님께서는 몇 년 전에, 그라네의 중국 종교[3]에 관한 책의 재출간 때 서문을 쓰시지 않았습니까.

그라네 부인이 그것을 원하셨습니다. 내가 서문을 썼던 것은 감사의 표시였습니다. 그리고 그라네 부인에게는 "내가 이것을 해줄 수 있는 마지막 사람이었다"고 말하였지요.

■ 감사의 표시라. 그라네와 함께했던 2년 동안 선생님께서 많은 것을 배웠다고 하셨는데, 왠지 앞뒤가 맞지 않는 것 같습니다. 왜냐하면 그가 가르쳤던 분야에 대해 선생님께서 글을 쓰신 적이 한 번도 없고, 사실상 선생님께서 전념해 오신 인도-유럽어족과도 관계가 전혀 없지 않습니까.

그라네가 연구하는 것을 보고 들으면서, 내 속에서 일종의 설명할 수 없는 변신과 성숙함이 생겨났습니다.

■ 선생님의 고유한 연구를 비추는 조명과 같은 것입니까?

---

3) 마르셀 그라네(Marcel Granet), 《중국 종교 *La religion chinoise*》, préface de Georges Dumézil, Editions Imago, 1980.

　그것은 조명과 같은 형상이 아닙니다. 내가 느끼지 못했던 수많은 어떤 존재들이 나타난 것입니다. 어떻게 설명해야 될지 모르겠습니다. 인도-유럽어족이라는 분야와 전혀 다른 중국 문헌의 연구 분야가 나에게 어떻게 도움이 되었는지를 이해시키기에는 너무 어렵습니다.

제 3 장

1938년 이후

■ 1938년에 대하여 이야기해 보겠습니다. 그해 선생님께서는 《신화와 서사시》[1]의 전문에서 밝히신 대로 연구를 중단하는 일이 있었습니다.

몇 해 전부터 도무지 갈피를 못 잡고 있는 인도인과 로마인의 진상에 대하여 한 차례 더 보게 되면서, 당시부터 숨돌릴 여유를 주지 않았던 3기능 구조에 처음으로 손을 떼면서 연구를 중단하게 되었던 것입니다.

■ 1967년에 쓰신 서문에서, 이러한 시각의 전환은 강의를 준비하던 당시에 생겨났다고 말씀하셨습니다.

---

1) *op. cit.*, p.14.

1937-38년의 학기초, 다시 말해 1937년 10월 《플라멘-브라만》 문제를 완전히 제로 상태에서 다시 시작했습니다. 자기 반성과 자기 성찰을 하게 되면서, 당시까지 알지 못했던 어떤 분명한 것에 대하여 눈뜨게 된 것입니다. 거의 50여 년 전부터 이 연구에 대한 결론만을 이끌어 내려고 애썼습니다.

■ 이러한 출발점과의 만남과, 그것이 생겨나게 된 배경에 대하여 자세히 설명해 주실 수 있겠습니까?

단순합니다. 인도 역사에서의 카스트 제도인 아리야는 브라만 · 크샤트리아 · 바이샤, 즉 승려 · 무사 및 부족들 내에서 구성된 생산 집단을 말합니다. 나는 가장 오래된 로마 신학이 에트루리아 시대 이전에 성스러운 신 중의 신 주피터, 전쟁의 신 마르스, 그리고 그 이름으로부터 분석할 수 있는 것처럼(co-uir-ino-) 집단의 신이자 쿠리아(co-uir-ia-; 고대 로마 시민의 구분 단위)를 구성하고 있는 이들 전체의 신인 퀴리누스(**Quirinus**)로 하나의 삼각 계급 관계를 이루고 있었다는 사실에 갑자기 눈이 확 뜨였습니다. 이 신들을 모시는——그리고 그들만이 신을 모신다——승려는 플라미네스 마조레스이고, 자신들이 신과 관계 있음을 상징하는 수많은 금기와 의무에 얽매인 이들은 플라멘 디알리스이고, 캄푸스 마르티우스에서 제물을 바치는 제식을 집행하는 이들은 플라멘 마르티알리스, 그리고 씨앗과 농업에 관계되는 축제에 개입하는 이들은 플라멘 퀴리날리스라는 것을 말입니다.

■ 그래서 1938년말 이 연구에 관한 기록을 《주요 플라멘의 선사 역사》[2]라는 제목으로 출간하시게 된 것이로군요…….

그것은 그라네가 사회학연구소에서 발표를 하도록 요청한 내용을 요약한 것입니다.

■ 1년이 지난 후 《신화와 독일의 신들》[3]을 출판하셨는데, 선생님께서 연구를 중단하신 이후 처음으로 출간한 책이지요.

네, 하지만 그 책은 그보다 이전에 씌어진 것입니다. 1936-37년 경에 집필이 끝났습니다. 나는 게으르게 이 원고를 질질 끌고만 있었는데, 프랑스대학출판사의 문고를 만드는 폴 루이 쿠슈가 정중하지만 끈질기게 독촉을 해왔지요. 1938년말, 그에게 이 책을 3기능에 알맞게 다시 손봐야겠다고 이야기했습니다. 하지만 시간이 촉박했습니다. 나는 가능한 한 전체 내용에 있어서 다소 균형이 맞지 않더라도 처음에 쓴 원고대로 유지하려 애썼습니다. 특히 오딘과 지상의 왕과 금과의 관계를 다룬 마지막 장의 경우가 그러했습니다. 이들은 부차적인 문제였습니다. 옛날 웁살라의 사원 제단에 모인 위대한 신들의 유일한 3기능 구조에 대한 분석에 전념하였어야 했는데 말입니다. 그래서 나중에 재출간하게 되었을 때 균형을 완전하

---

2) 《주요 플라멘의 선사 역사 *La préhistoire des flamines majeurs*》, 《종교사(宗敎史) 학술지 *Revue d'histoire des religions*》, CVIII, 1938, pp.188-220.
3) 《신화와 독일의 신들, 비교 해석 평론 *Mythes et dieux des Germains, essai d'interprétation comparative*》, P.U.F., 1939.

게 다시 잡아 나갔지요.

그렇게 쿠슈에게 원고를 넘겨 주었고, 책은 1939년 6월 세상에 나온 것입니다. 당시 나는 좀더 명확히 보게 되었습니다. 1938-39년의 학기 동안, 전쟁 전의 마지막 강의는 대조적이고 보충적인 방법으로 베다의 최고신 미트라와 바루나에 대하여, 그리고 그 신들의 서양적인 측면에 대하여 다루었습니다. 여기서 나는 첫번째 기능을 다른 신들과의 관계에서보다 그 자체를 중요시하면서 분석하였습니다. 물론 구조의 첫번째 용어로 인정하면서 말입니다. 두 개의 제목을 가지고 있는 이 책은 1940년 대학출판사[4]에서 출간되었습니다. 나는 이미 터키로 떠났었기에 그 책을 앙카라에서 받았습니다. 당시는 프랑스 군대가 패퇴할 무렵이었지요: 독일 군대가 솜 지방까지 진출해 있었는데도 출판사에서 두 권의 견본을 나에게 보내는 방법을 찾아냈던 것입니다. 나는 곧장 그 중 한 권을 미국 의회도서관에 전달해 달라는 부탁과 함께 미국 대사에게 넘겨 주었지요——어쩌면 지금이라도 미국 의회도서관에서 이 책을 찾아볼 수 있을는지 모르겠습니다. 이렇게 한 것은 이것이 재난으로부터 나의 대표작을 구하는 유일한 방법이라고 생각하였기 때문입니다. 이후 나는 약간의 손질을 하여 갈리마르출판사에서 그 책을 재발간하였습니다. 그리고 몇 년 전 《인도-유럽의 최고의 신》[5]을 출판하기 전까지 더 이상 손대지 아니하였습니다. 책은 미진하였던 부분을 보

---

4) 《미트라-바루나, 인도-유럽어족의 최고 권위를 대표하는 두 신(神)에 관한 평론 *Mitra-Varuna, essai sur deux représentations indoeuropéennes de la souveraineté*》, P.U.F., 1940.

5) 《인도-유럽의 최고의 신 *Dieux souverains des Indo-Européens*》, Gallimard, 1977.

충하고 목적에 부합시켰을 뿐만 아니라 이론을 유지하고 보강되어
졌지요.

1940년 9월, 프랑스에 돌아와 《주피터, 마르스, 퀴리누스》[6]를 썼
습니다. 앞으로 추구해야 할 방향을 제시한 것이라기보다는 초안에
불과한 것이었고, 막연히 그 개요만을 암시했습니다.

■ 선생님께서는 이 작품들에 대한 전체적인 분석이 아직도 효력
이 있는 것으로 간주하시는 듯합니다.

그렇습니다. 1944년에 출간된 《로마의 출현》[7]도 마찬가지입니다.
이 책은 다른 내용과 함께 《신화와 서사시 I》에서 다시 다루었습니
다. 하지만 이 책들의 이론은 여러 차례의 교정을 거치면서 아직도
그 가치를 유지하고 있고, 지난 50년 동안 나의 버팀목이 되어 주
었습니다.

■ 그리고 선생님의 연구 방법을 보면 아주 특이하다는 생각이
듭니다: 선생님께서는 이미 출간하신 책들을 끊임없이 리메이
크해 내는군요.

그것은 내가 연구하는 것과 같은 궤적에 해당되기 때문입니다. 그
것은 단지 연구의 한 부분일 뿐입니다. 먼저 전체적으로 막연한 관

---

6) 《주피터, 마르스, 퀴리누스》, Gallimard, 1941.
7) 《로마의 출현 *Naissance de Rome*》, Gallimard, 1944.

점을 갖는 것으로 시작합니다. 그리고 이런저런 관점을 꼼꼼히 따져 가면서 그때까지 드러나지 않았던 다른 것들을 찾아내고 명확히 밝힙니다. 그러면 또 다른 문제들이 불거져 나오는 거예요. 그러므로 이미 완성된 책이라고 해서 그냥 뒷전으로 밀어 놓거나 하지는 않습니다. 내 연구 활동은 지속적으로 발전되도록 하는 것입니다.

■ 다른 학자들은 그렇게 하지 않습니다. 전에 썼던 책들이 비록 재생성될 가치가 있다 하더라도 한쪽으로 밀어 놓고 다른 것을 합니다.

그렇습니다. 하지만 우리의 연구는, 그 연구가 비록 다른 것에 기초를 두고 있다 할지라도 각각의 연구 성과는 이전에 완성되었던 연구들을 다르게 채색하곤 합니다.

■ 그렇다면 선생님께서 이상적으로 생각하시는 것은, 새로운 것을 발견할 때마다 출간된 바 있는 기존의 책들을 다시 쓰는 것이겠군요?

거의 그렇다고 보면 됩니다. 여러 명의 비서와 프리랜서들이 필요할는지도 모릅니다.

■ 게다가 선생님께서는 최근 오래전에 쓴, 1956년에 출간된 바 있는 《전사의 행복과 불행》[8]의 개정판을 새로이 내셨는데, 이 책은 이미 1969년에도 개정판으로 나온 적이 있고, 그리고 《로키》

는 1948년[9]에 출간되지 않았던가요?

사실입니다. 부분적으로 개정하거나 보완하였지만 같은 책들입니다. 차라리 전체적으로 다시 쓰는 편이 나을는지도 모르겠습니다. 그럴 만한 기력과 시간이 있음을 확신하였다면 아마 그렇게 하였을는지도 모르겠습니다.

*

■ 방금 전, 선생님께서는 1940년 터키로 다시 돌아간 이야기를 하셨습니다. 내 생각에 그것은 또 다른 군복무의 일환이었던 것 같은데요. 왜냐하면 1939년 선생님께서는 또다시 군대의 소집 명령을 받지 않았습니까.

제2차 세계대전은 이미 모든 이들이 예상하였던 터이기에, 나는 먼저 가족들로 하여금 피난처에 가 있도록 했습니다. 이전에 서둘러서, 1939년 봄 베르농에 집 한 채를 마련해 놓았습니다. 만약 독일군의 공습으로 파리가 파괴되더라도 이 작은 마을은 안전할 것이라는 생각에서였습니다. 우리 가족은 6월에 바캉스를 보낼 요량으로 거처를 옮겼지요. 7월, 동원 명령이 하달되었습니다. 나는 예

---

8) 《전사의 행복과 불행 *Heur et malheur du guerrier*》, Flammarion, 1985. Première édition en 1956, aux P.U.F., sous le titre: *Aspects de la fonction guerrière chez les Indo-Européens*. Deuxième édition: en 1969, aux P.U.F.

9) 《로키 *Loki*》, Flammarion, 1986. première édition: 1948, chez Maisonneuve.

비역 대위로서, 북부에 주둔해 있는 부대의 정보과에 자금을 전달
하는 임무를 맡았습니다. 사실 자금이라야 봉투 속에 든 얼마 되지
않은 돈이 전부였지요. 그러다가 릴의 중앙연락사령부 사령관이 곧
장 몇 명의 예비역 동기들과 함께 나를 총명한 현역 대위의 수하에
편입시킨 후, 리에주 소재의 벨기에 사단과 연락을 취할 수 있는 연
락병의 임무를 부여하여 리에주로 파견했습니다. 그리하여 나는 7
월부터 이듬해 1월까지 릴과 리에주를 연결하는 연락장교로 근무했
지요. 당시에 대한 몇 가지 추억을 간직하고 있기도 합니다. 크리스
마스날, 엑스라샤펠 앞에 주둔해 있는 독일군들이 부르는 리더
(Lieder)[독일의 서정적 또는 이야기조의 가곡]를 듣기 위해 벨기에 부
대의 특무상사와 함께 전선으로 갔던 적이 있답니다.

　리에주에 있는 동안 비상경보는 통틀어 서너 번 정도밖에 울리지
않았고, 나는 지루해지기 시작하였습니다. 그래서 장 막스에게——
언제나 그였습니다——종착지인 터키(우리측 연합군)로 갈 수 있도
록 극동 부대에 보내 달라고 부탁하였습니다. 1940년 4월초 배에
올랐고, 그곳에서 노르웨이 침공에 대한 소식을 들었습니다. 베이
루트에서 베강 장군에게 신고식을 하였는데, 그가 나의 아버지에
대하여 조금 알고 있었습니다: 1913년, 조프르가 상트페테르부르
크를 여행할 때 두 분이 동행하였노라고 했습니다. 당시 대령이었
던 베강은 기마병으로, 그리고 나의 아버지는 포병부대 여단장으로
말입니다. 베강은 나에게 필요한 일체의 서류들을 곧장 구비해 주
었고, 나는 장 막스의 친구이자 동창인 프랑스 대사 르네 마시글리
가 요청한 대로 앙카라를 향해 떠났습니다. 나는 그곳에서 터키 군
대와의 연락을 담당하는 임무를 띠고 9월까지 머물러 있었습니다.

하지만 5월의 대참사 이후 특별히 할 일이 없었습니다. 그리하여 앙카라 군사 임무에 재편입되어 그들과 함께 본국으로 돌아왔습니다; 나는 서둘러 가족들을 만나고자 했습니다. 9월, 한 척의 배가 프랑스 함정의 해군들을 싣고 알렉산드리아 항을 출발해 프랑스로 간다는 소식을 접하였지요. 그 배는 베이루트를 경유하여 다시 툴롱으로 향하였습니다. 앙카라의 임무는 서둘러 토로스-엑스프레스 열차를 타고, 제때에 배를 타기 위해 베이루트에 도착하는 것이었습니다. 우리는 영국군과 이탈리아군들의 묵인으로 별탈없이 툴롱에 도착할 수 있었습니다. 툴롱에서 바로 제대를 하고, 점령 지역으로 들어갈 수밖에 없어 공무원들이 몰려 있던 클레르몽 페랑으로 갔습니다. 파리에서 나는 미디 지역으로 피난을 떠났다가 방금 돌아온 가족들과 상봉했습니다. 왜냐하면 파리는 온전히 남아 있었던 반면, 베르농은 장이 서던 날 폭격을 당해 도시의 3분의 2가 파괴되었기 때문입니다. 1940년말, 나는 대학에서 다시 강의를 시작했습니다. 하지만 몇 년 동안 프리메이슨 회원으로 활동한 전력 때문에 1941년 몇 가지 어려움을 겪게 되었지요. 교수 자격 정지를 당하였던 것입니다.

■ 왜죠?

비시 정부는 프리메이슨 회원으로 활동하였거나 당시 활동중이던 인사들을 모든 공공 기관과 더불어 교육계에서도 축출해 내는 임무를 띤 반(反)프리메이슨 기구를 운영하고 있었습니다. 통탄할 일은 콜레주 드 프랑스에서 강의를 하고, 동시에 국립도서관의 관리로 임명된 교수가 이 임무를 맡고 있었다는 것입니다. 수없이 항의를 하고, 약간의 거짓말과 시의 적절한 위증을 하고, 또한 당시 장관이었던 제롬 카르코피노의——로마에 관한 나의 논문에 적의를 품고 있었는데도 불구하고——지원에 힘입어 1943년 가을, 나는 다시 강의를 할 수 있게 되었습니다. 그 이전까지는 오늘날 **CNRS** [Centre national de la recherche scientifique: 국립과학연구센터]의 전신이었던 단체에서 '연구원' 자격으로 약간의 급료를 받았고, 뤼둘름 출판사에 있는 동료의 알선으로 오라토리오 수도회가 10년 내지 15년 전 퐁투아즈의 생마르탱드프랑스에 설립한 명문 중학교에서 1학년생들에게 그리스어와 라틴어를 가르쳤습니다. 거기서 나는 고등사범학교 출신의 한 젊은 유대인을 만났지요. 그는 가명(오직 교장과 학생 감독관, 그리고 나만이 그 비밀을 알고 있었지요)을 썼고, 프랑스어와 몰리에르의 《타르튀프》를 가르치고 있었습니다…….

중등 교육은 때늦은 감이 없지 않으나 아주 흥미로운 경험이었습니다. 게다가 인정을 받게 되면서 '서비스 차원'으로 몇 년 동안 더 이 일을 계속해 나갈 수 있었습니다. 나중에는 가끔 바캉스 동안 생마르탱에 와서 지내기도 하였을 정도로 정이 들었습니다: 후에 여기서 《로키》의 마지막 부분을 썼으니까요. 이 암울한 기간 동안 나는 많은 책을 펴냈습니다: 《호라티우스와 쿠리아인들》[10] 《세르비우스와 행운》[11] 그리고 《로마의 출현》[12]을 마쳤지요.

---

10) 《호라티우스와 쿠리아인들 *Horace et les Curiaces*》, Gallimard, 1942.
11) 《세르비우스와 행운, 사회 찬사 비난 기능과 로마의 호구 조사에 따른 인도−유럽인들의 근간에 관한 에세이 *Servius et la fortune, essai sur la fonction sociale de louange et de blâme et sur les éléments indo−européens du cens romain*》, Gallimard, 1943.

■ 1년에 책 한 권씩을 쓰셨군요!

어쨌든 강의는 계속하여야 했으니까요.

■ 프리메이슨 회원은 언제 되신 겁니까?

스웨덴에서 돌아온 직후였습니다.

■ 회원 생활은 오래 하셨습니까?

4년 동안 활동하였습니다. 그리고 지금도 그 회원이지요: 가입은
세례 의식과 같아서 한번 하면 탈퇴할 수가 없습니다. 하지만 사람
들이 일컫는 것처럼 나의 활동은 깊은 잠에 빠져 있으며, 아마도
끝까지 그 잠에서 깨어나지 않을 것 같습니다.

■ 프리메이슨단은 어떻게 들어가게 되었습니까?

젊은 시절 만났던 친구에 의해서였는데, 프리메이슨단 지부장이
었습니다. 나는 그가 프리메이슨 회원이라는 사실을 알고 있었으
며, 게다가 내 자신이 소위 '스코틀랜드인'이라는 이 단체가 내세
우는 켈트족의 후예가 아닌가 생각했었지요. (당신은 내가 최근에
쓴 '초고'[13]들 가운데 하나에서 이러한 가정에 대하여 전개한 논리를

---

12) 《로마의 출현》, *op. cit.*

볼 수 있을 것입니다.) 그래서 그에게 이러한 이야기를 몇 차례 했습니다. 마침내 그가 이렇게 말하더군요: "우리 모임에 가입하세요. 그러면 아주 괜찮은 클럽이라는 걸 알게 될 것입니다." 사실 이 모임은 수준 높고 다양한 '생각들이 모여 있는 모임'이었습니다. 프리메이슨의 역사를 연구하는 역사가이자 아주 유명한 비극 배우 가운데 한 사람이며 훗날 유명세를 타게 되는 소설가이기도 한 연로한 알베르 랑투안을 위시해서 예술가들과 파리의 고등학교 교사들, 몇몇 기업가들 등이 있었습니다. 현재 그들 대부분은 사망하였습니다. 내가 알기로 그들 가운데 살아 있는 이는 나를 위시해 세 명밖에 없습니다. 그 두 사람 중 하나는 나와 아주 친한 친구로 남아 있습니다. 최근 나는 그가 쓴 책에 서문을 써준 적이 있으며, 그도 나에게 책을 헌정해 주었습니다. 하지만 우리가 대화할 때, 현재의 프리메이슨단에 대해서는 일체 거론하지 않습니다. 나는 현재 그 단체가 아직도 활동을 하고 있는지, 그리고 지부가 아직도 존재하고 있는지 알지 못합니다.

■ 그러면 프리메이슨 회원으로 활동하던 시기, 선생님께서도 그 모임에 참여하곤 하셨나요?

예, 매월 참여했습니다.

---

13) 《인간의 망각과 신의 명예 *L'oubli de l'homme et l'honneur des dieux*》, 《신화학 초고 *Esquisses de mythologie*》, Gallimard, 1985, p.210.

■ 거기서 무슨 이야기를 하셨죠?

　모든 걸 다 알고 싶은가 봅니다!

■ 그렇습니다.

　알다시피 집회소는 학교였는데, 차라리 체육관이었다고나 할까
요. 거기서 영혼을 정화시키는 데 필요한 세 가지 훈련을 했습니다:
관용과 애국심…… 그리고 비밀 유지를 말입니다.

■ 아! 이런 경우 그에 대한 질문을 하지 않는 것이 좋겠군요. 선
생님께서는 이 짧은 추방 생활을 겪은 후, 다시 교편을 잡게 되었
군요.

　그때가 1943년 10월의 개학 무렵이었고, 1968년 4월——정년
이었습니다——은퇴할 때까지 중단되거나 하는 일 없이 대학에서
강의를 했습니다. 그런데 당신도 알다시피 1949년 나는 콜레주 드
프랑스에 선출되었습니다. 따라서 이때부터 두 곳으로 출강하였지
요. 콜레주 드 프랑스에서는 혼자서 떠들며 강의하였고, 대학에서
는 대화식으로 강의하였습니다. 이 선거가 있기 전의 몇 년 동안 동
양언어학교에서 아르메니아 고전을 강의했지요.

■ 이 기간 동안, 다시 말해 전쟁이 지속되는 동안 외국에 나가
지는 않았습니까?

바로 나가지는 못했습니다. 외국에 잘 알려져 있지 않았거든요. 1938년에 쓴 내 논문이 반향을 불러일으킨 것은 1945년에 이르러서의 일입니다. 내가 쓴 책들이 조금씩 북부 나라들의 도서관에 비치되었는데, 특히 스웨덴에서 그러하였습니다. 나보다 10세나 어린 인도학자 스티그 비칸데가, 나의 비교 연구를 웁살라에서 찾아내 그 분석 자료를 이용하여 《마하바라타》의 의미와 구조를 설명해 놓기도 하였습니다. 영국에서, 특히 스코틀랜드에서 라틴어 전문가들이 격렬히 나를 비난한 데 반해서, 스웨덴·덴마크 그리고 노르웨이의 학자들은 내 연구 성과를 기꺼이 받아들이고 또 정열적으로 변호해 주었습니다. 그리하여 1948년의 휴가기에 스웨덴을 찾았지요. 스웨덴인들은 나를 아주 친절히 맞아 주었고, 또 안심시켜 주었습니다.

가을이 끝나갈 즈음 프랑스로 돌아왔을 때, 콜레주 드 프랑스의 친구들은 내가 드디어 콜레주 드 프랑스에 출마할 때가 온 것으로 평가하고 있었습니다. 출마는 아주 힘든 일이었고, 그때가 유일하게 가장 어려운 순간이었지만 내 경력에 있어서는 결정적인 순간이었지요.

■ 결국 선생님께서는 선출되었지요.

나한테는 선출이 거의 확실시될 정도로 많은 지지자들이 있었습니다. 나는 그것을 알고 있었고, 또한 상대편들도 알고 있었습니다. 특히 벤베니스트의 지지를 얻고 있었는데, 1938년 나와 만난 이후 생각이 바뀌어 인도-유럽인들은 언어 이외에 여러 사상적인 면에서도 공통점을 지녔다는 것에 대한 확신을 가지고 있었습니다. 벤베니스트의 명성과 그리스 문명 연구가인 루이 로베르의 명성이 내가 선출되는 데 많은 도움을 주었습니다. 좀더 정확히 말하자면, 벤베니스트는 내가 갖추고 있는 선발 요건들을 사람들에게 소개하고 선거전을 이끌어 나갔습니다. 상대편에도 중세 연구가인 파랄, 콜레주 드 프랑스 감독관이자 로마 역사가인 피가니올, 그리고 이유는 모르지만 아주 열성적이었던 슬라브어 학자인 앙드레 마종 등 거물급 인사들이 포진해 있었습니다. 하지만 쥘 블로크, 에르누, 뤼시앵 페브르, 마시뇽, 그리고 포미에는 나를 강력히 지지해 주었습니다.

■ 선생님께서는 당시 벤베니스트의 친구가 되었던 것입니까?

친구는 너무 앞서간 말이지요. 전시에 벤베니스트는 독일군의 침략 초기부터 포로로 붙잡혀 있었습니다. 숲 속인가 농가로 부역을 나갔다가, 지금은 기억이 나질 않습니다만 아르덴 지역 어디였을 거예요. 놀랍게도 그가 독일군으로부터 파리로 갈 수 있는 단기간 외출 허가를 받은 것입니다. 그래서 우리 집인가, 르누의 집인가에서 점심 식사를 했습니다. 그때 르누가 아르덴으로 돌아가지 말고 (제2차 세계대전 당시 프랑스에서) 중립 지역으로 도망가도록 그를 설득하였지요. 그리하여 그가 리옹으로 떠났는데, 이 중립 지역이라는 것도 곧 사라져 버릴 위기에 놓여 있었기에 다시 스위스로 갔습니다. 그리고 옛 제자인 므나스 주임신부의 힘을 빌려 프리부르 가톨릭대학교에서 전쟁이 끝날 때까지 교편을 잡게 됩니다. 다시 돌아왔을 때, 그는 인간적으로 변모해 있었습니다. 전쟁 전에는 아주 꽉 막혀 있고, 뭔가 비밀이 많아 보였는데 말이지요. 그는 명랑하고 개방적인 사람이 되어 있었습니다. 하지만 시간이 지남에 따라 조금씩 우리가 알고 있는 옛날의 벤베니스트로 다시 돌아가더군요.

■ 어쨌든 벤베니스트가 선생님을 콜레주 드 프랑스에 소개시켜 주었으니, 두 분의 관계가 많이 변하였겠군요.

그렇습니다. 벤베니스트는 그동안 많은 생각을 하였던가 봅니다. 나 또한 1938년 이후 그를 깜짝 놀라게 할 만한 결과를 '창출' 해 냈구요. 그도 1945년에 돌아와 《종교사 학술지》에 이탈리아 민족의 3기능에 관한 기고문을 발표하기까지 했습니다.

■ 그때부터 그분과의 지적인 접근이 시작된 것입니까?

사실입니다. 그와 르누가 공동으로 출간한 신화학의 관점에 관한 책이 그 계기가 되었으니, 그보다는 앞서 시작되었다고 봐야겠지요. 이 책은 두 저자가 각각 한 파트씩 독립적으로 저술하였기 때문에 두 부분이 확연히 구분되었습니다. 한 부분은 인도에 대한, 다른 한 부분은 이란에 대한 것이었지요. 연구한 신(神)들의 이름이 이 두 언어에서 거의 동일한데도 두 자료들을 비교하거나 서로 연관시키지 않고 단지 합하여 놓기만 했습니다. 이 두 자료의 공통점을 거의 찾아볼 수 없었던 것은 이렇게 병행하여 놓았기에 생긴 결과로 보여집니다. 결론에 이렇게 씌어져 있었는데, 확실히 나를 겨냥한 말이었을 겁니다: "나중에 비교신화학으로 연구가 발전될 수 있겠지만, 무엇보다 신화별로의 연구가 선행되어야 할 것이다." 이것이나 그것이나 동일한 것이기에 두 자료를 같은 시각으로 연구해도 충분한데 말입니다. 그래서 나는 《종교사 학술지》[14]에 정중하고 솔직하게 나의 의견을 개진하였고, 벤베니스트가 대충 이러한 내용의 답을 보내왔습니다: "선생님께서 옳으셨습니다. 우리가 선생님께서 강조한 내용을 보지 못하였군요."

■ 벤베니스트가 쓴 1945년의 기고문이 전후 처음으로 선생님을 공개 지지한 일의 하나입니까?

예. 장 바이에와 같은 라틴문헌학 전문가들이 나를 지지해 주었습니다만, 대부분은 가장 극단적으로 나를 반대하는 이들 가운데 하나인 앙드레 피가니올의 편을 들었습니다. 이후 프랑스 라틴문헌학 전문가들과의 논쟁은 가라앉았습니다만, 젊은 세대들은 나의 논리에 아주 민감히 반응하는 것 같았습니다. 게다가 거침없이 쏟아지는 비판이나 아주 노골적인 험담조차도 나에게는 큰 도움이 되었다고 아주 대대적으로 고백해야겠군요. 왜냐하면 내가 같은 주제를 자주 다룬다는 인상을 주었다면, 그것은 내가 그 주제를 전에 포기하였다는 의미는 결코 아니기 때문입니다: 내 고유한 관점만큼이나 나에 대한 비평들도 이러한 문제들을 교정하는 도구가 됩니다.

■ 선생님께서는 1949년 12월 콜레주 드 프랑스에서 첫 강의를 하셨습니다…….

---

14) 〈Vahagn〉, 《종교사 학술지》, CXVIII, 1938, pp.152-170.

네, 그렇습니다.

■ '인도-유럽 문화'라는 강의 제목은 선생님께서 직접 선택하신
겁니까?

네, 하지만 벤베니스트와 루이 로베르가 지어 주었다고 해야겠지
요. 우리는 제목에 대해 심사숙고했으니까요. '상대편'이 두 차례에
걸친 투표에서——알다시피 콜레주 드 프랑스에서는 선거를 두 차
례나 하지요——즉 강의를 개설하는 데 필요한 투표와 강의 제목을
정하는 데 필요한 투표에서 나를 걸고넘어질 수 없는 그런 제목을
생각해 내려고 애썼습니다. 따라서 '인도-유럽인'이라는 단어 옆에
순수 언어학자들이나 고고학자들의 주장을 피해 나갈 수 있는 단어
가 필요했습니다. 벤베니스트가 '문화'라는 단어를 찾아냈습니다.

■ 이 제목에 만족하셨습니까?

'인도-유럽 문화'라는 강의 제목은 그다지 상관은 없지만 정확
한 제목은 아닌 것 같았습니다. 더구나 이 강의 제목 때문에 나중에
콜레주 드 프랑스 감독관과 나 사이에 재미있는 사건이 발생하기도
했지요.
콜레주 드 프랑스의 강의 목록 첫머리에는 항상 그 변경 사항이
나 계보에 관한 내력이 담겨져 있습니다: 그러므로 첫부분에서 다
음과 같은 내용을 볼 수가 있지요: 이러이러한 강의는 17…년부터
17…년까지(또는 19…년부터 19…년까지) X 교수가 하였고, 이 강

의는 18…년까지(또는 19…년까지) 진행되었다. 그리고 조금 내려가서, 18…년(또는 19…년) Y 교수를 위하여 이러이러한 강의가 개설되었다. 그리하여 내가 선출된 이후 강의 목록에서, 알베르 그르니에 교수는 1948년까지 '고대 국가'를 강의하였음을 찾아볼 수 있습니다. 하지만 내 강의를 찾는 일은 헛수고를 불러왔지요. '고대' 강의 대신에 개설된 '인도-유럽 문화'라는 강의는 눈을 씻고 봐도 없었으니까요. 이 '고대' 강의는 나중에 다행스럽게도 폴 마리 뒤발 교수를 위해서, 지나는 말로 표현하자면 다시 소생하였습니다. 그래서 나는 감독관에게 그의 역사적인 감각을 신뢰하며, 가장 귀찮은 일들을 포함해서 일어나는 모든 일들을 기재하는 방법에 있어서의 천부적인 재능을 강조하면서 그의 도움을 요청하는 편지를 썼습니다. 그는 다음과 같은 요지의 답장을 보내왔습니다. "당신은 나를 상당히 귀찮게 만드는군요. 있지도 않은 것을 가르치고 있는데, 어디에 기재해 달라는 겁니까?" 나는 감독관에게 이미 게시해 놓은 것처럼 더 이상 존재하지 않는 현실을 재현하는 것을 목적으로 하는 '인도-유럽어' 강의 바로 다음에 기재해 달라고 제안했습니다. 따라서 새로이 작성된 강의 목록에서 내 이름은 벤베니스트 옆에 자리잡게 되었지요.

■ 1949년 이후 선생님의 연구 활동은 어떻게 되었습니까?

1952년, 우여곡절 끝에 늘 배우고 싶어했던 케추아어를 연구하기 위해 페루안데스에 있는 쿠스코로 갔습니다. 어렸을 적 나는 재미삼아 《그랑 라루스》 사전에 나오는 잉카에 관한 여러 항목들을 타키투스[로마의 웅변가이자 라틴어로 글을 쓴 이들 가운데 가장 뛰어난 산문작가]를 모방하여 라틴어로 바꾸었습니다. 그런데 그것들을 버스에서 잃어버렸지요. 잃어버린 것에 대하여 크게 후회하지는 않지만, 알다시피 나는 오래전부터 잉카에 관심을 기울이고 있습니다.

■ 페루에 얼마 동안 머물렀습니까?

6개월 동안 잉카의 옛 수도였던 쿠스코에서 지냈습니다.

■ 그 6개월 동안에 케추아어를 배우신 겁니까?

쿠스코로 가기 전, 이미 케추아어를 공부했습니다. 인류박물관의 설립자이자 박물관장인 리베 박사에게 배웠습니다. 그는 반세기 동안 케추아족에 대한 방대한 도서를 수집해 놓았는데, 사후 페루 정부에서 이 도서들을 구입해 갔습니다.

■ 거기서는 무얼 하셨습니까?

연구 자료들을 찾기란 어렵지 않았습니다: 고고학자가 발로 땅을 한번 걷어차기만 해도 토기 조각들이 쏟아져 나올 정도였으니까요. 인디언들과 언제 어디서든 말을 할 수가 있었는데, 교수들이며 혼혈인 신부들이 아니더라도 대부분 2개 국어를 구사할 줄 알았습니다.

■ 케추아어를 배우기 시작하였을 때, 선생님께서는 케추아어가

터키어와 비슷해서 놀랐다고 하셨는데…….

　예, 그것은 내가 저지른 중대한 실수 가운데 하나였습니다. 터키어와 케추아어를 연관시킨 것 말입니다. 하지만 그 실수에 대한 책임을 졌지요. 터키학 학자들은 나의 의견에 조금도 동의하지 않았습니다. 왜냐하면 내가 "알타이어라는 언어군(言語群)에 터키어·몽골어·만주어를 함께 묶는 것은 잘못이고, 그 이유가 터키어는 터키어만의 고유한 특징을 가지고 있으며, 숫자 명칭 또한 처음 6개를 살펴볼 때 케추아어와 유사하기 때문"이라는 가설을 내세웠기 때문이지요.

■ 선생님께서는 터키어와 몽골어가 연관성이 없다는 사실을 어떻게 증명하시는지요. 내 생각에는 이 두 언어의 상당히 많은 어휘들이 공통점을 지니고 있는 듯한데 말입니다.

　수천 년이 흘렀다는 말밖엔 할 수가 없군요. 시베리아는 언제나 다양한 민족들이 모여드는 장소였습니다. 소위 알타이어족의 어휘에서 공통점이 나타나는 것은 수많은 영향의 결과이거나, 아니면 서로의 언어를 차용한 결과일는지도 모릅니다.

■ 선생님께서는 아직도 터키어와 케추아어와의 동족성에 대한 논리를 인정받기 위해 노력하고 있습니까?

　나는 노력하였고, 그 결과는 이미 나와 있습니다. 나의 논리와 결과들이 인정될 만한 것인지 아닌지는 언어학자들에게 달려 있습니다.

■ 프랑스로 돌아오면서 쓴 몇 편의 글들은 케추아족의 언어와 문화 쪽에 할애하였더군요.

다섯 편 내지 여섯 편 정도의 글을 썼습니다. 최근에도 《아메리카 전문가 협회지》의 한 호(號)에서, 내가 1952년[15] 쿠스코에서 기록하고, 또 몇 편의 기고문에서도 암시했던 드라마 한 편을 케추아어로 실었습니다. 이 드라마는 반세기 동안 엄청난 성공을 거두었고, 나는 그 드라마의 저자를 알게 되었지요. 나는 그 저자의 원본을 베끼고, 그것을 케추아어를 잘 아는 학자와 함께 읽었습니다. 그리고 사본과 프랑스어로 된 번역문을 주었습니다.

■ 원본을 베끼고, 또 베끼고 하는 일이 선생님의 중요한 활동 가운데 하나였나 봅니다. 그런 것 같지 않습니까?

나는 사본 필경사입니다. 베껴 쓰는 걸 좋아하지요. 나는 타자기와 복사기가 발명되기 이전에 태어났습니다. 1968년과 1969년, 미국에서 처음으로 제록스 복사기에 대한 이야기를 들었습니다. 하지만 그 이전에는 원하는 자료를 베껴 써야만 했습니다. 나는 수많은

---

15) 〈물 없는 마을의 공주 Sumaq T'ika, la princesse du village sans eau〉, *J. Soc. am*, LXIII, 1974-75, pp.15-153.

전설들을 베껴 썼고, 그리고 손에 넣을 수 없었던 책들 중에서도 여러 개 장(章)들을 베꼈습니다. 그것이 일을 하는 필수 조건 가운데 하나였지요. 나는 무엇보다 그 일을 좋아했습니다.

■ 선생님께서는 1952년의 체류 이후 다시는 페루에 가지 않았나요?

한번도 가질 못했습니다. 만약 페루에 갈 수 있는 기회가 주어진다면, 다시 한번 가보고 싶습니다. 유명한 케추아 드라마의 공연에서 잉카 유판키 역을 우고 블랑코라는 사람이 맡았는데, 당시 그는 아주 젊은 혁명 지도자였습니다. 그는 나이가 들어 수염을 덥수룩하게 기르고 나를 찾아서 파리로 왔습니다. 우고는 나의 보살핌을 받으면서 여생을 보낼 수 있었을 텐데도…….

■ 그럼 페루에 다녀온 이후는 어떻게 지냈습니까?

1954년에 이야깃거리가 훨씬 더 풍부하고 내용도 긴 에피소드가 시작됩니다. 방금 전에도 말했지만 전쟁이 끝난 후에 살아 있는 우비크 언어를 다시 접하게 되었습니다. 이것이 이야기가 시작된 발단입니다. 하지만 이해를 돕기 위해서는 시간을 약간 거슬러 올라가야겠군요. 1933년에 스웨덴에서 돌아와서, 제1차 세계대전이 종식된 이후 파리에서 살고 있는 수많은 체코 사람들과 사귀게 되었습니다. 몇몇 사람들은 베르사유 조약이 맺어지기 전에 러시아에서 떨어져 나온 북코카서스 공화국을 승인받게 할 수 있다는 기대

를 가지고 파리에 왔던 사람들입니다. 브랑겔이 이끄는 러시아 황
제 군대가 패배를 하자 그들은 망명을 했던 것입니다. 그 사람들 중
에서 아주 학식이 뛰어난 아이테크 나미토크라는 사람을 만나게 되
었습니다. 그는 러시아어·프랑스어·독일어 그리고 영어를 아주
잘했기 때문에 지금은 이름이 기억나질 않지만 큰 은행에 일자리를
가지고 있어서 형편이 괜찮았던 사람이었습니다. 나는 몇 년 동안
일요일마다 종종 비로플라이에 있는 그의 집에 찾아가서 체코어를
함께 공부했습니다. 소련에서 출간한 《체 이브라힘 우화집》을 단어
하나 하나 번역해 가면서 책을 만들고 함께 사인도 했는데 그 책이
지금 내 서재에 있습니다.

1942년 독일군이 코가서스를 공격할 뻔했을 때, 그는 내 충고를
무시하고 미래의 '자치' 정부에 참여하기로 수락했습니다. 코카서
스 사람들은 곧 정부가 수립될 것이라고 믿었기 때문입니다. 그는
나에게 "나는 내 국민들에게 빚을 갚아야 합니다"라고 말하고는 파
리를 출발해서 뮌헨으로 향하는 야간열차에 몸을 실었습니다. 그는
뮌헨을 통과하지 못했습니다. 독일의 꿈은 스탈린그라드에서 대패
함으로서 산산조각이 나고 말았기 때문입니다. 그는 독일이 전쟁에
끌어들였던 수많은 코카서스인들과 각 나라에서 몰려든 이슬람교
도들 그리고 타타르(중앙아시아와 동러시아에 사는 민족)인들, 시베
리아인들과 함께 바비에른에서 힘든 생활을 보냈습니다. 나치가 전
쟁에서 패한 이후 이 사람들은 영국군과 미군에 의해 바비에른과
오스트리아로 끌려갔습니다. 영국군에 의해 포로가 된 사람들은 곧
바로 소련군에게 넘겨지게 되면서 그들의 운명은 더 이상 선망의 대
상이 되지를 못했습니다: 파리에서 사귀었던 한 체코인은 꽁꽁 묶

인 채로 코카서스까지 끌려가서 1918년 이후 돌아가지 못했던 그의 집 앞에서 교수형을 당했습니다. 미군들은 좀더 인간적이었다고나 할까 아니면 좀더 교묘했었다고나 할까 어쨌든 자신들이 포로들을 관리하려고 했는데 누가 압니까 그들을 이용해 먹으려고 했는지도 모르죠: 왜냐하면 그 포로들은 모두 '귀족' 출신들로서 교육 수준이 높았던 사람들이었으니까요. 미군들은 그 사람들에게 중동에 있는 여러 이슬람 국가에 망명할 수 있도록 해주었는데, 내 친구 나미토크는 망명 장소들을 협상하는 역할을 떠맡았습니다. 그는 그 임무를 완성하고 맨 마지막에 미군이 만들어 준, 파리를 경유할 수 있는 통행증을 가지고 나를 찾아왔습니다. 지금부터가 중요한 대목이 되겠습니다: 나미토크는 1930년경에 결혼을 해서 아내가 있었는데 그의 아내는 남편한테 관심도 별로 받지 못하고 터키에서 자기 땅을 경작하면서 살고 있었습니다. 그런데 그는 자기 아내가 바로 우비크 여자였다는 사실이 생각난 것입니다. 그는 자기 아내를 만나러 마냐로 갔습니다. 그녀는 남편을 자기가 사는 마을로 데리고 갔습니다. 그리고 거기서 그는, 그 지역에 있는 두 마을에서 몇몇 노인들이 아직도 우비크어를 말하고 있고 그리고 자기 집에 내 거처를 마련해 놓았다고 나에게 편지를 보내왔습니다.

그래서 1954년 현장에 가보기로 결정했습니다: 그의 말이 사실이었습니다. 나는 그의 집에 주중에 도착해서 토요일부터 그와 함께 마냐라는 조그만 마을의 시장엘 갔습니다. 나는 거기서 14개나 되는 언어를 듣게 되는 기쁨을 맛보았습니다. 왜냐하면 19세기에 망명한 수많은 사람들이 이 지역에 정착하고 있었기 때문입니다. 이 수많은 언어들 중에 우비크어도 있었습니다. 나는 2주 동안 친구 집

에 머물러 있었는데 그는 코카서스인들 사이에서 권위가 좀 있었던
사람이었기 때문에, 그들은 싫든 좋든 간에 그의 뜻에 따라 나한테
말을 가르쳐 주었습니다. 그 이후부터 마지막으로 남은 우비크어를
말하는 사람들에게 우비크어를 배우기 위해서 나는 거의 1년에 한
번 정도 터키를 방문했습니다.

■ 바캉스 기간에 말입니까?

　네. 어떤 때는 1년에 두 번, 여름 바캉스와 부활절 바캉스에도 간
적이 있습니다.

■ 매해 터키로 갔었던 일은 언제까지 계속되었나요?

　1972년까지입니다. 그 해가 터키로 간 마지막 해였는데 심장에
이상이 생겨서 주사를 맞으면서 사는 바람에 그렇게 되었습니다.

■ 터키에서는 어떤 식으로 공부를 했나요?

　기록을 하면서 했습니다. 나를 도와 주는 사람 한 명과 함께 거기
에 기거하면서 글로 적었습니다.

■ 저한테 보여 준 이 조그만 노트에다 말입니까?

　네. 수많은 전설과 이야기들을 출판했는데 다섯번째 내용은 아직

도 출판하지 못하고 있습니다. 만약 내가 출판 기회를 갖지 못한다면 나와 함께 갔던 조르주 샤라치제가 알아서 출판을 잘해 줄 것입니다. 특히 내가 마지막으로 작업했던 문법 연구들을 말입니다.

■ 진정으로 다시 접하게 되면서 이 언어에 대한 사랑으로 다시 빠져들게 되었지만, 이 일 때문에 또다시 인도-유럽인들에 대한 연구와 멀어지게 된 것은 아닙니까?

어떻게 하겠습니까. 이 일이 어떤 면에 있어서는 나의 두번째 숙명인걸. 당신에게 어떻게 20년 전 터키에 사는 코카서스 사람들과 특히 다른 지역에 살고 있는 우비크 사람들과 만나게 되었는지 이야기해 주었잖습니까. 50년대에 다른 지역에도 우비크 사람들이 있을 것이라고 내가 믿게 되는 이유도 여기에 있었던 겁니다(그리고 실제로 그들은 있었습니다). 그것은 일종의 회한이었습니다. 이번에 마냐 지역에 우비크어를 할 줄 아는 사람이 있다는 사실을 알게 되었을 때 나는 가만히 앉아 있을 수 없었던 겁니다.

■ 어쨌든간에 전문 분야를 그렇게 한꺼번에 두 가지나 해나간다는 것이 버겁지는 않았습니까?

그 반대입니다. 그게 저한테는 도움이 많이 되었습니다. 인도-유럽인들은 좀 추상적이고 단순한 사람들이라고 터무니없는 소리를 하고 또 그렇게 정립할 뻔했었습니다. 코카서스인들과 함께 그들의 언어, 전설, 그리고 풍습을 배우는 동안 인간적인 면에서 그들과 긴밀하고 생생하고 뜨거운 관계를 맺고 있었는데도 말입니다. 그들 덕분에 나는 추론해 내는 연구에서 벗어나 관찰하는 연구를 하게 되었습니다. 관찰은 추론을 하는 데 있어서, 그리고 추론은 관찰을 하는 데 있어서 균형을 잡아 주는 역할을 합니다. 그래서 간접적인 경험 때문이었든 아니면 유추에 의해서였든 내가 처음에 느꼈던 인도-유럽인들은 전보다 훨씬 더 육감적이고 덜 온순한 사람들이라는 생각으로 바뀌게 되었던 것입니다.

■ 오늘날 우비크어는 어떻게 되었습니까?

우비크어를 말하는 사람은 한 사람밖에 남아 있질 않습니다. 1954년만 해도 우비크어를 말하던 마냐 지방의 모든 노인들은 한 분 두 분 이 세상을 떠났습니다. 전쟁 전인 1929년과 1930년에 내가 머물러 있었던 빌라에 마을과 아다파자 마을에도 다시 방문을 해 보았습니다만 거기서도 마지막으로 남은 우비크어를 하는 사람이 암으로 죽었기 때문에 우비크어가 사라졌습니다. 극히 드문 경우로서(나는 두 번밖에 접해 보질 못했습니다) 그는 우비크어 · 체코어 · 아브하즈어를 구사했었는데, 다시 말해서 코카서스 북-동 지역의 언어군(群)을 이루는 이 3개 언어 모두를 할 줄 아는 사람이었습니다.

■ 마냐 출신의 최후의 우비크인은 현재 생존해 있는데 선생님께서 그를 파리로 초청하셨던 걸로 알고 있는데요.

네 번 초청했습니다. 그가 처음 파리에 온 것이 1962년이었고 3,4

년 전에도 왔었습니다.

■ 그와는 아직도 연락을 하고 지내십니까?

우리는 터키어로 서신 왕래를 하고 있습니다. 크리스마스 때 그
의 카드를 받았습니다.

■ 그가 죽으면 우비크어는 사라지겠군요.

그렇습니다. 그리고 그도 그걸 잘 알고 있습니다. 그는 아주 총명
한 사람입니다. 언어를 지켜 내고자 하는 의도에 공감하고 일생을
그 일을 위해 바쳤습니다. 그는 장례식을 거행하면서 자기 조상에
대해 이야기를 하는 것을 아주 자랑스럽게 생각하고 있습니다. 그
리고 나는 책을 낼 때 항상 그와 공동 집필한 것으로 해서 출판합
니다. 그를 단순한 연구 조수로 생각하는 것이 아니라 동료로 대우
를 하기 때문입니다. 처음에 만든 책들을 제외하고는 우리가 쓴 책
과 기고문들은 알파벳 순서에 의해서 '조르주 뒤메질과 테프피크
에센스' 공동 집필이라고 되어 있습니다.[16]

■ 눈앞에서 언어가 사라져 가는 것을 보았을 때 어떤 감정이 들
던가요?

---

16) 특히: 《우비크어 동사, 기술과 비교 연구 *Le verbe oubykh, études descriptives
et comparatives*》, Mémoires de l'Académie des Inscriptions et Belles-Lettres, nou-
velle série, t. I(1975).

우비크어는 떳떳하게 죽어갈 것입니다. 그 언어는 변형되지 않습니다. 테프피크는 우리를 위해서 우비크어로 이야기했는데, 최근까지도 금요일마다 이슬람 사원의 뜰에서 그가 다른 노인들과 함께 우비크어로 이야기하는 것이 그것을 증명해 주고 있는 것입니다. 예를 들어 라틴어의 경우는 로망어에 전해지면서 변형이 되었습니다. 하지만 우비크어는 그렇지 않았습니다. 우비크어는 흐트러지지 않았습니다. 우비크어는 그렇게 그냥 사라질 것입니다. 그게 전부입니다. 생각해 보세요. 라틴어는 키케로와 함께 가에타에서 죽었다는 것을 말입니다.

■ 그래서 어떤 감정을 느끼시게 되나요?

서글픈 감정은 없습니다. 전 세계 모든 지역에서 해마다 언어와 사투리들이 사라져 갑니다. 단지 내가 만족해하는 것은 그런 언어들 중에 하나를 구했다는 것입니다.

■ 우비크어 사전을 만들 계획을 가지고 있었습니까?

조르주 샤라치제와 함께 사전을 만들었어야 했었습니다만…… 결국 그가 나중에 만들겠지요. 나중에 그가 나의 미간행 원고들을 출간해 줄 것처럼 말입니다.

■ 1954년부터 1972년까지 선생님께서는 정기적으로 터키를 방문하셨습니다. 그리고 다른 나라도 다녀오신 걸로 아는데요.

　당신한테는 아무것도 숨기지 못하겠군요. 스웨덴에 몇 번 갔었습니다. 그리고 웨일즈에도 다녀왔습니다: 콜레주 드 프랑스의 방학은 무척 길거든요.

■ 그건 그래요. 웨일즈에 관한 에피소드도 말씀해 주시죠.

　그후 2년 동안 웨일즈에 공부하러 갔었습니다.

■ 당연히 웨일즈어도 배우셨겠네요?

　예, 읽을 수는 있을 정도인데 그 이상은 배울 생각이 없어요.

■ 선생님께서는 전부 몇 개의 언어를 할 줄 아십니까?

　모르겠는데요. 한 30개 정도 됩니다.

■ 그러면 몇 개 언어 정도는 완벽하게 구사하시겠네요?

　전혀 그렇지 않습니다. 외국어를 완벽하게 구사해 본 적이 한번도 없어요. 그런 면에서 예를 들어 어떻게 메이예 교수를 따라가겠습니까. 그냥 그분의 뒤꽁무니만 따라다닌거죠.

■ 영어도 그렇습니까?

네. 영어 같은 경우는 내용을 먼저 적고 난 다음에 그걸 읽습니다. 손자들 중에 한 명이 수학을 하는데 논문을 영어로 씁니다. 그걸 보면 신기하다는 생각도 들고 또 질투심이 나기도 한답니다.

■ 어쨌든 선생님께서는 터키어를 하질 않습니까.

실제로 외국어 중에 가장 서툴지 않는 외국어는 터키어입니다. 내가 가장 서툴지 않다고 이야기해야 되는 이유는 가끔 기본적인 단어가 생각이 나지 않는 정도라는 것입니다. 아시겠지만 언어는 배우는 것이기 때문에 잊어버리기도 하는 겁니다. 이보다 몇십 년 전에 헝가리어를 배웠었습니다. 6개월만에, 소설과 헝가리의 유명한 시인인 페토피 산도르의 시(詩)를 읽을 정도는 되었는데 지금은 하나도 모르겠습니다.

■ 그리고 이 기간 동안에 계속해서 책을 쓰셨는데 그 양이 엄청나군요.

뭐 두 가지 일을 가장 단순한 방법으로 해왔기 때문에 그럴 겁니다. 1960년에서 1967년까지 다섯 권의 책을 출간했는데 소위 《코카서스 언어와 전통에 관한 아나톨리아[17] 참고 문헌》이라고 불리는 책입니다. 그리고 같은 시기에 인도-유럽신화학에 관한 책들을 저술했습니다. 두 분야에 대해서 동시에 출간하다 보니까 한쪽에서

---

17) 옛날의 소아시아, 현재의 아시아 터키.

부족한 면은 다른 한쪽에서 서로 보완하게 해주는 구실이 생기더군요: 두 마리 토끼를 쫓다가는 한 마리도 못 잡는다고 했는데…….

■ 선생님께서는 전에도 말씀하셨다시피 콜레주 드 프랑스에서 강의를 그만두신 것이 1968년초라고 하셨는데요.

마지막 강의를 한 때가 1968년 4월이었습니다.

■ 그러면 68년 5월(혁명)을 파리에서 맞이하셨군요?

네, 대학 강의도 그때 그만두었습니다. 대학에서의 강의는 6월에 끝내기로 되어 있었습니다. 그리고 학교는 종교와 문헌학부를 위해 소르본대학교의 건물을 빌려 쓰고 있었는데 이 유서 깊은 건물에서 무슨 일이 일어났는지 당신은 잘 알고 있지 않습니까.

■ 그럼요. 그래서 선생님께서 이 기간 동안에 어떻게 지내셨는지 여쭈어 보려는 겁니다.

은퇴하는 데 필요한 서류를 준비하기 위해서 학교에 한번 찾아갔었습니다. 학생처 사무실에서 '점거 농성자' 들과 맞닥뜨리게 되었습니다. 그들은 호의적이었던 걸로 기억합니다.

■ 학생들한테 권위적인 '우두머리'라고 항의를 받지는 않았나요?

나는 우두머리가 아니었었어요. 어떤 우두머리라도 해본 적이 한 번도 없었습니다.

■ '무게 잡는 말을 하는' 거물급 같은 행세도 안하셨나요?

그것도 안했습니다.

■ 그러면 학생들과의 접촉이 없었다는 말인가요?

콜레주 드 프랑스에는 정식 학생이 없고 단지 평범한 청강생들 뿐입니다. 게다가 나는 그 당시에 콜레주 드 프랑스를 떠났고요. 일면식이 전혀 없었던 한 젊은 여자가 찾아와서 강의를 듣는 사람들의 명단을 얻을 수 있는지 물어보더군요. 당시 유행하던 '모임'을 만들려고 했었던 것 같습니다. 나는 이렇게 대답할 수밖에 없었습니다. "잘못 찾아오셨군요. 저한테 그런 것은 없습니다." 콜레주에서는 잡다한 문제들이 생겼지만 다행스럽게도 단호하고 침착하고 그리고 현명한 감독관이 있었습니다.

■ 그는 누구였습니까?

에티엔 볼프라고 하는 사람입니다. 훌륭한 생물학자인데 지금은 나와 같은 아카데미 프랑스 회원입니다.

■ 그러면 모든 것이 조용하게 지나갔겠군요?

꼭 그런 것은 아닙니다. 그래도 약간의 문제가 있었습니다. 한번은 사무실에서 나이가 가장 젊었던 동료인 브로델을 대피시킬 수밖에 없었던 일이 벌어졌습니다. 그는 '말썽'을 일으키는 성향이 있었던 것 같습니다. 학생들이 브로델에게 완력을 쓰려고 했었기 때문에 그를 제지시켜야만 했습니다. 브로델은 무척 화를 냈습니다. 왜냐하면 그는 이 대학에 여섯번째 학과를 만든 사람이고 모든 사람들은 거기에 대해서 그에게 고맙게 생각했었어야 하는데 운영조차 제대로 되지를 않았기 때문이었습니다. 1968년 5월(혁명)에 그는 거기서 배은망덕하고 거만하고 거드름을 피우는 학생들과 맞닥뜨리게 된 겁니다. 그는 이 사건을 삭이는 데 시간이 오래 걸렸습니다. 그리고 일이 잘 풀려서 나중에는 다시 훌륭한 '교수'가 되었습니다.

■ 콜레주 드 프랑스에서 강의를 그만둔 이후 선생님께서는 실제적으로 은퇴를 하지 않으셨더군요.

6개월 동안 프린스턴대학교에 있었고, 그 다음 휴가에는 터키로 갔습니다. 그리고 엘리아데의 초청으로 시카고에 갔습니다. 3년째 되던 해에는 로스앤젤레스에서 강의를 계속했습니다. 그리고 1972년 마지막으로 터키에 간 것입니다.

■ 미르시아 엘리아데와는 오래전부터 알고 지내던 사이였나요?

1940년 이전부터 편지를 주고받던 사이였습니다. 그는 당시에 부카레스트 문필가 협회장이었습니다. 그는 여러 권의 소설을 발표했고 루마니아에서뿐만 아니라 벌써 외국에서도 명성을 떨치고 있었습니다. 그리고 전쟁 전에는 전설적인 잘목시스의——그는 겨우 세 권밖에 책을 쓰지 않았지만 그것만으로도 우리가 알고 지내게 하기에는 충분했다——가호 아래 종교사에 관한 학술지를 창간하기도 했습니다. 전쟁이 끝난 후에 엘리아데는 새로 들어선 루마니아 정부에 의해 중상모략을 당하고 모든 것을 박탈당한 채 파리로 왔습니다. 푸에크와 나는 연구소에 그의 자리를 마련해 주느라 고생을 많이 했습니다. 늘 그랬던 것처럼 인정이 많은 뤼시앵 페브르는 이 일에 있어서도 힘을 많이 써주었습니다. 뤼시앵 덕분에 엘리아데는 보조금을 받을 수 있었습니다. 하지만 곧바로 미군이 그를 잡아갔습니다.

■ 미국으로 3년간 강의를 하려고 간 것이 첫 미국 방문이었습니까?

네, 미국에 한번도 못 가보고 죽는 줄 알았었습니다: 미국에는 별로 관심이 없었거든요. 페루에 가기 위해서 1952년에는 다카르를 통해서 갔다가 다시 다카르를 통해서 돌아왔습니다. 리마에 비행기로 가는 방법은 두 가지밖에 없었습니다: 세네갈과 브라질을 통해서 가거나 아니면 미국을 통해서 가는 것이었습니다. '뉴욕을 보기 위해서' 미국을 통해 가거나 아니면 미국을 통해 올 수 있었습니다만 그렇게 하지는 않았습니다. 차라리 아내와 만나기로 한 모로코에서 1주일 동안 머무르는 것이 더 좋았습니다.

■ 정말 미국에는 별 관심이 없었군요. 하지만 미국에 갔을 때 미국이 마음에 들었었습니까?

그럼요, 아주 마음에 들었어요. 거기에다가 아시는 것처럼, 미국 대학에서는 우리들을 얼마나 극진하게 대접해 주던지! 도서관 이용에 대해서 알게 된 것도 미국에서였습니다. 웁살라 도서관 덕분에 훌륭한 도서관이 어떤 것인지에 대해서 알게 되었습니다——당신도 아시겠지만 파리에서는 울름 도서관을 제외하고는 도서관 열람자들을 훼방꾼 취급을 합니다. 프린스턴, 시카고, 로스앤젤레스, 그리고 웁살라에 있는 캐롤라이나 도서관이 최고의 도서관입니다.

■ 미국을 다녀오신 다음에는요?

멕시코대학교와 계약을 맺었고 그 다음해에는 몬트리올대학교와 계약을 했습니다. 하지만 처음으로 심장 질환이 발생했습니다. 멕시코는 고도가 너무 높고 몬트리올은 너무 춥다고 하면서 의사는 이 두 도시에 가지 말 것을 당부했습니다. 그래서 나는 가지 않았고 지금 이렇게 파리에 남아 있게 된 것입니다.

■ 그러면 무엇을 하셨습니까?

전과 같은 일을 했습니다. 은퇴했다고 해서 내 인생이 달라진 것은 하나도 없었습니다. 콜레주 드 프랑스에서 처음 은퇴를 하고, 미국에 다녀오고 나서 두번째 은퇴를 했는데도 말입니다.

■ 하지만 선생님께서는 그때 연구에 있어서 새로운 장을 열지 않았습니까: 종합 연구 말입니다. 선생님께서는 이전에 연구하고 출간한 작품들을 종합하시지 않으셨습니까.

연구에 대해 종합하기 시작한 것은 1964년 《고대 로마 종교》부터입니다. 그리고 1967년에 《신화와 서사시 I》을 출간했고요. 게다가 이 작품들은 단순한 종합 연구가 아닙니다: 이 두 작품에서는 중요한 부분에 대해서 부족했던 면들을 더욱 심도 있게 내용을 발전시켰습니다. 1967년은 나에게 있어서 결정적인 해였습니다. 피에르 노라는 자신의 《인류학 총서》라는 출판물에 나를 끼워 주면서 당시까지 베일 속에 감춰져 있던——《고대 로마 종교》도 함께——내 연구를 수많은 학식 있는 사람들이 접할 수 있도록 기회를 제공해 주었습니다. 독자를 가질 수 있게 해준 갈리마르 출판사와 이 문고에 대해 어떻게 감사를 드려야 할지 모르겠습니다.

■ 하지만 선생님께서는 아주 오래전, 그러니까 1941년에서 1949년 사이에 벌써 갈리마르 출판사에서 책을 내지 않았습니까. 특히 세 권의 《주피터, 마르스, 퀴리누스》 시리즈와 《호라티우스와 쿠리아인들》이라는 작품들 말입니다.

사실입니다. 브리스 파랭이 나를 갈리마르 출판사로 끌어들여서 당시 '생트주느비에브 언덕' 이라고 이름 붙인 문고에 소개를 시켜 주었는데 제대로 일이 풀리질 않았습니다.

■ 브리스 파랭을 잘 알고 있었습니까?

우리는 제1차 세계대전이 끝난 직후에 초등학교의 동창이었습니다. 당시 학년 진급이 엉망이었기 때문에 그렇게 되었습니다. 나는 그를 아주 좋아했습니다. 그는 나하고는 아주 달랐습니다. 당시 그는 공산주의자였는데 소련을 갔다오고 나서는 다시 '프랑스 품으로 돌아왔습니다.'

■ 친구 관계는 오래 지속되었습니까?

아무런 불상사 없이 죽을 때까지 친구 관계를 유지했습니다. 우리는 아주 친했습니다. 나는 아내와 아이들을 데리고 자주 소(Seaux)에 있는 그의 집에 갔었습니다. 1940년말경에 독일군 점령하에 있을 때 프랑스 사람들은 자기 집에 보유하고 있던 무기들을 경찰서에 자진 반납하게 되어 있었습니다. 우리 집에는 아버지의 칼과 아버지가 소유하고 있던 적지 않은 전쟁 도구들이 있었습니다. 나는 그것들을 넘겨 주고 싶지도 않았고 가택 수색으로 인해 우리 가족들을 위험에 빠뜨리고 싶지도 않았습니다. 브리스가 나한테 이야기하더군요: "전부 다 가지고 나한테 오라!"고. 우리는 그의 집 근처에 있는 숲에다가 모두 묻어 버렸습니다. 전쟁이 끝난 후에는 전부 다시 되찾았지요……

*

■ 지금은 아카데미 프랑스 가입에 대한 이야기를 듣고 싶습니다.

그 이야기를 듣고 싶다면 먼저 비명문학 아카데미(Académie des Inscriptions et Belles-Lettres)[프랑스 5개 아카데미의 하나로 주로 사학·고고학·문헌학의 학자들로 구성됨]에 들어간 이야기를 해야겠군요. 가입 이야기가 있었을 때 나는 시카고에 있었습니다. 나는 후보자가 되는 것에 대해 별로 생각이 없었습니다. 이렇게 말하는 것이 좀 건방지게 보일지 모르지만 나는 가입이 좀더 일찍 될 수 있지 않았나 생각되었고 또 그것은 별 의미가 없다고 생각하고 있었습니다. 인도학자인 필리오자가 나에게 편지를 보냈습니다. 나는 딱 한 번만 출마할 것이고 떨어지고 싶지 않다고 답장을 보냈습니다. 결국 메이예와 벤베니스트의 정신적 후계자인 미셸 르죈과 나에 대해 오랫동안 진지하게 생각했던, 메이예와 벤베니스트의 제자인 그리스 문명 연구가 상트렌이 나의 후보 등록을 추천해 주었고 어려움 없이 당선될 수 있었습니다. 그러나 비명문학 아카데미로부터 인정을 받았다는 것에 대해 뛸 듯이 기뻐한 것은 아니었습니다. 당시 종신회장이었고 게다가 내 친구였던 앙드레 뒤퐁 소메르가 나를 당선시키기 위해서 나의 주경쟁자였던 피가니올이 죽은 후에 예의상 일정 기간의 공백기를 두어야만 했었다는 이야기를 해주었어도 소용이 없었습니다. 나는 그 이유에 대해 아직도 이해가 되질 않습니다.

■ 그러고 난 다음에 아카데미 프랑세즈에 가입하시게 되었군요.

나는 어떻게 이렇게 좋은 생각이 장 미스틀러의 머리에서 나왔는지 전혀 알 수가 없었습니다. 그는 기업의 기술반장이었거든요.

■ 하지만 선생님께서도 원했던 것 아닙니까?

나는 그럴 생각이 없었습니다. 내 인생을 거절당하는 것으로 끝나게 될지도 모르는 그러한 도박을 하고 싶지 않았습니다. 하지만 일은 어려움 없이 호의적으로 매끈하게 진행되었습니다. 그리고 이런 기회가 아니면 만나지 못했을 아주 유명한 문학가, 철학가, 학자들과 같은 사람들을 아카데미에서 매주 목요일마다 만날 수 있어서 참으로 행복했습니다. 하지만 솔직히 말한다면 나에게 가장 소중하고 가장 애정 깊게 남아 있는 기관은 콜레주 드 프랑스입니다: 1948년말에 벤베니스트가 제기하고 그의 승리로 끝난 논쟁은 나의 연구 방법들과 나의 인생을 바꿔 놓았습니다.

■ 아카데미 프랑스 입회를 축하하는 연설을 클로드 레비 스트로스가 했습니다. 선생님에게는 아주 뜻깊은 순간이었겠습니다.

내가 그에게 연설을 해달라고 부탁했습니다. 새로 입회하는 회원은 기존 회원들 중에서 특별히 이러저러한 사람에게 입회 축하 연설을 받고 싶다고 요구를 해서는 안 되는데도, 선임자가 죽었을 때 회장이었던 사람의 축하 연설을 받았던 것입니다. 자크 샤스트네가 죽었을 때 누가 회장이었는지 나는 몰랐습니다. 그래서 선출이 있었던 바로 그날 저녁에 클로드 레비 스트로스에게 이런 궂은 일을 해줄 수 있는지 물어보았습니다. 그는 아주 친절하게 승낙을 해주었습니다. 그동안 우리는 껄끄럽게도 방법론에 대해 너무나 자주 부딪혀 왔기 때문에 아카데미 입회 행사를 통해서 서로 깊이 이해하고 있다는 것을 보여 주고 싶었습니다.

■ 레비 스트로스는 아주 훌륭한 연설을 해주었습니다.

너무 관대한 연설이었습니다.

■ 선생님의 모든 연구에 대해 최고의 찬사를 보냈더군요.

지나칠 정도로 관대했었다니까요. 내 연구 성과에 대해——나 자신 스스로도 떳떳하게 지적할 것입니다만——몇 가지 오류들을 지적해 주어야 했는데도, 입회 축하 연설 당시 이런 오류들에 대한 언급을 가끔 하기도 했지만, 지적하거나 비판하는 수준이 아니고 감싸 주고 조용히 넘어가는 정도로 이루어졌습니다. 레비 스트로스는 내 연구들의 오류들을 눈감아 주었던 것입니다.

■ 아카데미에 선출되고 나신 후에는 어떻게 지내셨습니까?

공개적인 활동 없이 인생을 보냈습니다.

■ 그래도 수많은 책들을 출간하셨습니다.

책 쓰는 일이 일상이 되어 버렸습니다. 암탉이 알을 낳는 것처럼 말입니다. 비록 어느 순간부터 알 낳는 일이 더뎌지긴 하지만 말입니다. 가정 문제, 내 건강 문제 때문에 일이 점점 더디어지더군요. 사회보험 서류를 정리하는 것만도 몇 시간을 잡아먹었는데 이 정도 시간이면 적어도 《신화학 초고》의 한 부분을 쓸 수 있는 시간이거든요.

■ 바로 그 이야기로 들어가서 최근에 발표하신, 각 권마다 25개의 분석을 다룬 《초고》의 1, 2, 3권[18]에 대한 위상은 어느 정도라고 생각하십니까?

　그것은 내가 취급할 일도 아니고 또 그런 식으로 취급되어져서는 안 됩니다. 이 《초고》들의 기본 원칙은 문제점을 제기하고, 그 문제 해결에 필수적인 요소들은 내가 보기엔 당장 이러이러한 것들이 되어야 한다라고 지적한 것들입니다.

■ 《초고》 4권은 현재 집필중이십니까?

　진척이 잘 안 되고 있습니다.

■ 진척이 잘 안 된다는 건 현재 집필중이라는 말씀이군요.

---

18) 《아폴론 영웅담 *Apollon sonore*》, 《유녀(遊女)와 유색의 영주들 *La courtisane et les seigneurs colorés*》, 《인간의 망각과 신들의 영광 *L'oubli de l'homme et l'honneur des dieux*》, Gallimard, 1982, 1983, 1985.

당신이 그렇게 낙관적으로 봐주신다면 그렇다고 해야죠. 그게 《초고》의 마지막 권이 될 거예요. 그리고 계속해서 연구하게 된다면 코카서스에 대한 연구를 다시 할 겁니다.

■ 그러면 인도-유럽인에 관한 연구는 포기하시는 건가요?

네.

■ 연구거리가 다 바닥났다고 생각하기 때문에 그러시는 겁니까?

그런 문제 때문에 그런 것이 아니고 정보를 수집하는 데 어려움이 많아서 그래요. 도서관에 가지 않고 연구를 진척시킨다는 것은 불가능한 일입니다. 중요한 학술지 최신호의 내용을 훑어보는 것만 해도 몇 시간이 걸립니다. 그런데 지금 나는 더 이상 집을 떠나 오랫동안 지내질 못합니다. 젊은 사람들이 나한테 호의를 가지고 책을 빌려다 준다거나 내용을 복사해 주거나 하지만…… 내가 직접하는 것과 같을 수는 없지 않겠습니까.

■ 그렇다면 코카서스에 관한 연구도…….

그건 여기 있습니다. 코카서스에 관한 자료는, 적어도 우비크에 관한 자료는 내 공책에 적어 놨습니다. 그것은 당신한테 보여 주었잖습니까.

*

■ 학자로서 걸어오신 동안에 선생님께서 보실 때 가장 우여곡절
이 심했던 때는, 만약 있었다면 언제라고 생각하십니까?

1938년이라고 말할 수 있겠지만 학자로서의 길이 아니라 연구에
있어서 그랬던 적이 있습니다. 그 순간에 내 연구에 대해서 내 눈
으로 직접 확인할 수 있었습니다. 내가 한 연구들은 나름대로 의미
가 있었습니다. 그때까지 나는 산의 정상을 열 번 아니 열다섯 번
올라갔지만 한번도 산 정상에 오른 적이 없었다고 느껴진다고나 할
까요. 그러다 갑자기 정상에 오르게 된 것입니다: 아주 행복했어요.

■ 책으로 출간되었을 때 기뻤습니까?

그것보다는 다음 책을 어떻게 쓸까 하고 생각했습니다.

■ 《신화와 서사시》같이 훌륭한 책을 출간해 놓고도 말입니까?

책을 출간했다고 해서 기뻤던 것이 아니라 그 책을 썼다는 사실
에 기뻤던 것입니다.

■ 그렇다면 책이 출간돼서 선생님 손에 쥐어졌을 때 어땠습니까?

책을 펼쳐 보고 오타가 많은 것이 눈에 번쩍 띄었습니다.

■ 항상 그런가요?

네, 늘 그래요. 책을 펼쳐 보면 여러 페이지에서 오타를 가려내게 됩니다.

■ 참 안됐군요!

나는 교정 보는 것을 잘 못할 뿐이에요. 어느 날 동료 하나가 친절하게도 나한테 이렇게 말하더군요: "원고 쓰신 거 저한테 주세요. 제가 한번 봐드릴게요"라고. 그가 교정을 해주고 나서 출간을 했을 때 아직도 오타는 있었지만 전보다는 훨씬 덜 했습니다.

■ 조금 전에 선생님께서는 어떤 대표도 해보신 적이 없고 논문 지도도 해보고 싶었던 적이 한번도 없다고 말씀하셨습니다. 일부러 이런 일에 관여하지 않으려고 그런 것입니까?

전혀 그렇지 않습니다. 본능적인 양심의 가책 때문입니다. 나는 다른 사람일에 이러쿵저러쿵 끼어들고 싶지 않습니다. 내가 논쟁을 하느라 시간을 보냈던 것은 단지 다른 사람들이 내 연구에 대해 공격을 했기 때문에 그런 겁니다. 다른 사람이 나한테 화살을 돌릴 때를 제외하고 다른 사람을 공격했던 일은 다섯 손가락을 다 채우지 못할 정도로 아주 드물 정도입니다. 그리고 내 개인적인 경험 때문에 논문 지도를 하지 않았던 것입니다. 메이예는 나에게 논문 지도를 해주지 않을 수도 있었는데 어떤 면으로 보면 그가 옳았을지도 모릅니다. 그리고 내가 논문 통과를 하지 못했다면 이스탄불에서 강의를 하지 못했을 겁니다. 왜냐하면 터키에서는 '박사' 학위자를 원했었거든요. 논문 때문에 피해를 당하고 학문적으로도 방황을 하게 되었지만 결국 박사학위는 세상을 살아가는 데 도움이 되었습니다. 결론은: 젊은 사람들에게 울타리를 강요하지 말고 자신의 적성과 모험을 살려 나갈 수 있도록 맡겨 두어야 한다는 것입니다. 더구나 나는 학교 교수가 아니었기 때문에 논문을 보충해 주는 일 말고는 학생들의 논문을 지도할 수도 없었습니다. 에콜에서도 마찬가지였습니다. 거기서도 청강생들이 학위를 받을 수 있었습니다만 어느 누구에게도 논문 지도를 해주는 공식적인 책임을 지고 싶지 않았습니다. 예를 들어 로저 카이유아 같은 경우도 중년기에 나타나는 문제를 안고 있던 사람들 중의 한 명이었습니다. 그 문제에 대해 나는 그와 끊임없이 대화를 나누었고 내 힘이 닿는 한 그를 도와주었습니다. 하지만 내 지도하에 있는 사람이 아니었기 때문에 부서에서 정해 주는 학감에게 그 문제를 털어놓았습니다. 그를 위해서는 그가 강연을 듣고 있는 장 막스의 지도를 받는 것이 나을 거라고 이야기해 주었습니다: 막스는 문화 교류 부서에서 영향력이 있는 사람이라서 그가 업무를 시작하는 데 있어서 도움이 될 것이기 때문이었습니다.

■ 나는 선생님께서 고립되어서 지내는 것에 대해 말하는 것인데요. 왜냐하면 선생님께서는 제자를 원하지 않는다고 말씀하시질 않으셨습니까.

그것은 다른 사람들과 동떨어져 지내고 싶어서 그런 것이 아닙니다. 양심의 가책 때문에 그런 것입니다. 나는 분명히 실수를 범했고 다른 어떤 사람도 그 일에 연루시키고 싶지 않았기 때문입니다.

■ 하지만 선생님께서는 연구 활동이나 일을 하는 데 있어서 다른 사람을 끌어들일 수 있질 않습니까?

나는 개인적인 모험을 하면서 살아왔다고 생각합니다. 내 연구분야나 내가 나아가는 방향, 그리고 내가 선택했던 것들 속에서 사람들이 발견하는 모든 것들이 이미 발견된 것들이라고 말하는 것이 아니라, 큰 틀에서 볼 때 탐구된 것이라고 말하는 것입니다. 그리고 아직 발견되지 않은 분야가 있다면 사람들은 내가 예견하지 못했던 것을 조명하면서 발견해 갈 것입니다. 결국 내가 젊은이들에게 충고하고자 하는 것은 자기 자신의 길을 가라는 것이고, 새로운 일들을 하고 새로운 빛을 찾아가라고 하는 것입니다.

■ 어쨌든간에 선생님께서는 인도-유럽의 신화학 연구를 중단한 적이 있었기 때문에 그렇게 생각하시는 겁니까?

중단을 한 적은 없습니다. 나는 단지 르네상스 이후 그리스의 여러 지방에서부터 행해졌던 것을 인도-유럽어족의 수준으로 확장시켰을 뿐입니다: 나는 신화들을, 인디언의 제례 행사를, 이탈리아어를, 게르만어 등등을 비교했습니다. 문헌학자들이 아티케 신화와 펠로폰네소스 신화, 그리고 테살리아 신화를 비교한 것처럼 말입니다.

■ 선생님께서 제자를 두거나 학교를 원하지 않았다 하더라도 어쨌든 선생님께서 하신 방향을 따라서 연구를 하는 연구원들이 있질 않습니까.

나는 어느 누구에게도 용기를 잃도록 만들지는 않습니다. 단지 조심하고 자발적이 되라고 충고할 뿐입니다. 조엘 H. 그리스워드가 혼자서 나르본 사람들의 행위와 야야티 인디언과 그의 후손[19]들에 관한 전설 사이에 어떤 관계가 있음을 발견하게 된 것도 바로 그렇게 했기 때문입니다. 다니엘 뒤비송이 혼자서, 비칸데가 마하바라타를 위해서 그렇게 했던 것처럼 라마야나가 서사시[20]로 전환된 신화학의 한 조각임을 발견한 것도 바로 그렇게 했기 때문입니다. 뒤비송과는 반대로 나는 처음에 반대 변론을 하는 역할을 했습니다. 그는 전력을 다했습니다: 내가 당해 내질 못했습니다.

■ 하지만 《초고》를 출간할 때 선생님께서는 제시된 각각의 결론은 발전시키고 증명하고 실제로 변형시켜야 되는 것이라고 말씀하시질 않았습니까. 그러면 경쟁 입찰 같은 것이 아닙니까?

더 겸손하게 말해서 가톨릭에서의 과거장(過去帳) 같은 것입니다. 내가 하지 않을 모든 것을 적어 놓은 목록과도 같은 것입니다. 만약

---

19) 조엘 그리스워드(Joël H. Grisward), 《중세 서사시의 고고학 *Archéologie de l'épopée médiévale*》, Payot, 1981.

20) 다니엘 뒤비송(Daniel Dubuisson), 《고대 인도에서의 왕의 전설, 라마와 라마야나 *La légende royale dans l'inde ancienne, Rāma et le Rāmāyana*》, Economica, 1986.

어떤 사람이 가까운 미래나 아니면 먼 장래에 그것에 관심을 갖는다면 그는 그것을 발전시키고 증명하고 변형시킬 것입니다. 내가 제기한 문제들을 다시 다루게 될 사람들은 내가 생각했던 것들을 생각해 내지 못할 가능성이 다분히 있습니다. 어쩌면 내가 각 《초고》에서 해답의 주요 요소들을 주었다고 말을 할 때 내가 옳지 않을 수도 있습니다. 어쩌면 다른 사람이 나타나서 이렇게 말할지도 모릅니다. 그것이 중요한 것이 아니다. 내가 중요한 것이 무엇인지 진짜 보여 주겠다라고 말입니다.

■ 미스틀러가 선생님을 아카데미 프랑세즈에서 임명하던 날 선생님께서는 짧막한 연설을 하셨는데, 그 내용을 보면 선생님께서는 선생님 연구의 잠재적인 특징을 강조하셨습니다.

내 연구는 계속해서 진행되었다기보다는 변형될 것이라고 생각합니다. 바라건대 적어도 완전히 무효화되는 것이 아니라 더더욱 확대되고 예상되지 않았던 새로운 전망으로 자리매김하길 말입니다.

■ 잠정적이라고 생각하시는 것은 연구를 위해서 펼쳐져야 하는 에너지에 방해가 되는 것은 아닙니까?

전혀 그렇지 않습니다. 나는 숲 속에 있고 나와 나를 추종하는 사람들과 나를 내쫓으려고 하는 사람들을 어디로 이끌게 할지는 모르지만 그들을 이끌게 하는 길을 만드는 것입니다.

내가 내 연구 결과에 대한 상대적이고 미완성적인 성격에 대해 아주 강한 느낌을 가지고 있다는 것을 믿어 주세요. 내 자신을 겸손하게 보이려고 하는 모습처럼 보여질지 모르지만 그건 사실입니다. 나는 그것을 심각하게 고려하고 있습니다. 우리 스승들이 얻어낸 결과들도 상대적이고 잠정적인 것이었습니다: 하지만 그들이 없었다면 오늘날 우리가 여기에 있겠습니까? 메이예가 없는 벤베니스트, 브레알이 없는 메이예, 보프가 없는 브레알을 생각이나 할 수 있겠습니까? 어쩌면 그보다 훨씬 올라가야 될지도 모릅니다: S. J. 퀘르두 신부의 직관이 없었다면 보프가 집대성을 할 수나 있었겠습니까?

II

인도-유럽인의 발자취에 관하여
신화와 서사시

제 1 장
종합 연구에 대한 고심

■ 이제는 인도-유럽어족에 대해 이야기해 보도록 하겠습니다.

인도-유럽어족에 대해 이야기한다고요? 나한테서 인도-유럽인
에 대한 자세한 설명이나 역사를 듣고자 한다면 나는 아는 것이 아
무것도 없다는 말밖에 할 수가 없습니다. 거기에 대해 아는 사람은
아무도 없습니다. 1949년 콜레주 드 프랑스 첫 강의에서도 가장 주
의를 시킨 것이 바로 이 부분입니다: '인도-유럽어족의 문화'라는
이 새로운 강좌의 제목으로 비추어보면 그들이 존재했던 것은 사실
이지만 동시에, 그 사실에 접근하기가 거의 불가능했던 그들이 남겨
놓은 발자취에 해당된 것이고 또 그것만 해당된 것입니다. 즉 인도-
유럽어족에 포함되었던 언어를 말하는 역사상의 민족들에게서, 수
많은 변화 속에서도 아직까지 유지되어 왔고 또 아직까지 인정받을
정도로 강하게 남아 있는 이데올로기에 해당되는 내용입니다. 그것
을 확인할 수 있는 유물은 감히 엄두도 내지 못할 정도였습니다. 라

틴어의 ensis(검)와 산스크리트어의 asi(제식용 칼)가 일치한다는 것을 통해 우리는 로마인과 인도인의 공동 조상들이 물건을 자를 수 있는 하나나 아니면 그 이상의 도구에 *ṇsi(n은 유성)라는 이름을 붙였다고 확신하고 있습니다. 동양에 있는 유럽 박물관에서 실제로 인도-유럽인들이 사용했던 검이나 칼을 보존하고 있을지도 모르고, *ṇsi라고 이름 붙여져 있을지도 모릅니다. 하지만 우리는 그것을 확인할 방법이 전혀 없습니다: 인도-유럽인들은 자신들이 사용했던 유물에 자신들이 사용했었다는 표시를 해두었던 것이 아니니까요.

■ 사람들은 인도-유럽인들에 대해 아는 것은 아무것도 없습니다만 적어도 이런 조상들이 존재했었다는 것과 수많은 이주로 인해 분산되었다는 것 정도는 알고 있습니다……

물론입니다. 모든 사람들이 사용하던 언어 속에서 수많은 방언들이 존재할 정도로 광활한 지역에 단일 민족처럼 보여지는 사람들이 분포해 있었습니다. 어떤 이유에서인지는 모르겠지만 군사용 말과 이륜마차로 우위를 차지하고 있던 그들은 지속적인 파상 공격으로 보급 물자가 떨어질 때까지 사방으로 퍼져 나갔습니다. 그들은 다소 먼 곳까지 진격해 갔고, 정복당한 민족들에게 자신들의 언어를 강요했습니다. 대규모의 침략은 실제로 기원전 3000년경부터 시작되었습니다. 기원전 2000년경에는 주변 국가에 자신들의 문자를 전파하면서 아나톨리아에 있는 히타이트인들에게 그리고 그리스에 있는 미케네인들에게 자신들의 존재를 알렸습니다. 후세의 인도인들은 당시에 인더스에 있었습니다——하지만 스칸디나비아인들은

아이슬란드를 2세기까지만 정복하고 있었고 라틴인들과 앵글로색
슨인들은 16세기 이후에나 아메리카 대륙에 자신들의 언어를 강제
했을 뿐입니다.

■ 결국은 오늘날 뉴욕에서 영어를 말하고 타히티에서 프랑스어
를 말하게 만든 것은 기원전 3000년경의 인도-유럽인들의 전차 때
문이군요?

네, 중동에서 정복적인 전차의 출현은 바빌론 사람들을 강타했습
니다. 바빌론 사람들은 당시까지는 말을 사용했다 하더라도 수송용
수레로만 사용했을 뿐 전쟁에 끌고 나오지는 않았습니다. 상형문자
와 설형문자로 기록된 문서들을 보면 마르야(Marya)라는 이름의 무
시무시한 젊은 전사들이 자행했던 공포가 어떠했는지를 입증하고
있습니다. 반면에 베다어로 된 찬가는 이 전사들을 열광시키고 있
습니다.

■ 이 시조인들이 대이주 이전에 분포해 있었던 원래의 장소를 지
리적으로 표시할 수 있습니까?

오랫동안 그들은 파미르 고원에서 내려왔을 것이라고 생각했었습
니다. 19세기에는 이것이 주된 의견이었습니다. 하지만 그럴 가능
성은 아주 희박합니다. 그들은 파미르 고원으로부터 사방으로 퍼져
나갔다고는 하지만 집단적으로 이주한 곳은 유럽 쪽과 아시아 남서
쪽 그리고 중국 쪽에 있는 몇몇 지역에 해당됩니다. 서쪽으로는 대

서양과 지중해 그리고 흑해에까지, 남쪽으로는 실론 섬까지 퍼져 나
갔습니다. 오늘날에는 그들의 '출발지'가 정확하게 어디라고 꼭 집
어서 말을 할 수는 없지만 대부분이 러시아의 대평원이었다는 데 이
견이 없습니다. 소아시아 어디였을 것이라는 새로운 학설이 있기는
하지만 내가 보기에는 설득력이 없습니다.[1]

■ 장구한 세월에 걸쳐서 그렇게 넓은 지역으로 흩어졌기 때문에
분석을 하기에는 상당히 어려움이 많을 것이고, 거기에 따라 나
타나는 현상도 상대적으로 다르겠지요.

이렇게 퍼져 나가는 과정 속에서 어휘에 대한 중요한 사실이 있
다는 것을 19세기부터 감지하게 되었고, 금세기초에는 이를 확인하
게 됩니다. 지역적으로 가장 멀리 떨어져 있는 인도-유럽어족들 사
이에서, 한쪽은 인도-이란인과 다른 한쪽은 이탈리아어와 켈트어
사이에서 제식·법 그리고 제도에 관련된 낱말들이 상당 부분 일치
하고 있다는 것입니다. 이데올로기적인 면에서도 같은 결과가 나오
는데 가장 주변 지역에 해당하는 갈리아와 아일랜드 그리고 인도와
이란의 사회 계급의 기능적인 계급 차별이 아주 엄격하다는 것입니
다. 일반적으로 받아들여지고 있는 것처럼 전통에 대한 애착력이 강
하고 성직자들의 힘이 강력한 사회에서 이러한 보수적인 제도가 기

---

1) 이 논쟁은 《인도-유럽어족 연구 간행물 *The Journal of Indo-European Studies*》
(Washington, 13, 1-2, 1985)에서 아주 자세히 소개되어 있다. 한쪽은 T. V. Gam-
krélidzé와 V. V. Ivanov, 그리고 다른 한편으로는 I. M. Diaknov와 같은 러시아 학
자들 사이에 의견이 엇갈리고 있다.

인되었을 가능성이 상당히 높습니다. 브라만 계급과 드루이드 승려(켈트족·갈리아족 사회에서 종교·교육·사법 기능을 담당), 그리고 로마에서의 추기경단 같은 모임 등에서 말입니다. 게르만족과 슬라브족 그리고 그리스인들에게는 이러한 기능을 전파하는 계급은 존재하지 않았습니다.

■ 극동 지역과 극서 지역에서까지 상당 부분 서로 일치하고 있는 이러한 지역적인 분포를 어떻게 이해해야 합니까?

인도-유럽인들이, 함께한 지나온 과거를 간직한 채 가장 먼 지역으로까지 퍼져 나가고 있을 때 그동안 현지에 남은 인도-유럽인들은 나름대로 변화되고 발전되었기 때문에 그런 것이 아닐까요? 아니면 켈트족과 인도-이란인들의 선조들이 이주하기 전에 이미 차이가 확연히 드러나는 인도-유럽 사람들과 지역적으로 이웃하고 있었기 때문일까요? 여기에 대해서는 추측만 할 따름입니다. 그리고 또 한 가지 주목해야 할 것은 중간 지역에 분포되어 있는 민족들에게서는——슬라브족·게르만족 그리고 트라키아족——시베리아인들이나 핀란드인들이 행하는 형태의 샤머니즘이 그 지역에서도 중요한 부분을 차지하고 있다는 것입니다.

■ 인도-유럽인에 대해서는 아무것도 모른다고 말씀하셨는데 선생님께서는 그들이 누구라고 상상하십니까?

어떤 면에서요? 인종 같은 것 말입니까?

■ 예를 들자면 그렇습니다.

수만 년 전부터 수많은 사회가 유목 생활을 해왔기 때문에 이러한 질문은 의미가 없습니다.

이주를 하는 곳마다 인도-유럽인들은 토착 주민들과 마주치게 되고 또 그들을 지배했습니다. 인도-유럽인들은 분명 그들에게 자신들의 이미지와 언어를 강요했습니다. 그들을 약간은 중세 시대의 터키 제국이나 몽골 제국과 같은 종류로 상상해 볼 수 있을 겁니다. 유럽과 중국을 침략한 이 유목 민족 가운데에서 몽골인들이 누구였으며 터키인들이나 (시베리아 툰드라 지역에 사는) 사모예드 사람들이 누구였습니까? 칭기스칸의 군대와 티무르의 군대는 혼성 인종 부대였습니다.

■ 적어도 초창기의 인도-유럽인들이 어떻게 생활해 왔는지 알 수는 있나요?

대부분의 인도-유럽어에서 명사나 동사가 유사한 경우가 있기 때문에 어느 정도는 알고 있습니다. 그들은 밭을 경작하고 바느질을 하고 도기를 만들었으며 울타리가 쳐진 집에서 살았다는 것을 알 수 있습니다. 결국 그들의 생활을 정확하게 유추해 낼 수 있는 근거들이 많이 알려져 있다는 이야기입니다. 하지만 어쨌든 간에 다시 한번 반복해서 이야기하지만 내 연구는, 나의 순수 분야는 물질 문명을 복원해 내는 것이 아닙니다.

■ 예, 물론입니다. 우리가 몇 번에 걸쳐서 지금까지 이야기한 것도 공통어에 관한 것이었으니까요. 하지만 선생님께서 가장 흥미를 가지고 계신 것은 그들의 공통적인 이데올로기이고, 연구하신 것도 바로 이 점에 관한 것이지요.

인터뷰 초기에 밝힌 것처럼 비교의 두 체계인 언어와 이데올로기, 특히 신화학은 역사적으로 거의 쌍둥이 자매와 같습니다. 만약 보프가 엄밀하게 언어에만 국한하고 있다면, 다음 세대부터는 언어 공동체에 의거해서 출발하기 때문에 다른 사람들은——기본 원칙에서 당연히 온당한 것으로——그렇게 근접한 언어를 말하는 이들은 어떤 공통적인 표현이 없었을 거라고 생각했을 것입니다. 하지만 이 당시에는 민족학이라는 것이 없었습니다. 사람들은 소위 원시 사회라든가 아주 단순히 말해서 이국적인 사회가 어떻게 기능해 왔는지 모릅니다. 사람들은 현대의 문화 관념과는 다를 것이라 생각하고 그렇게 믿으면서, 단지 추리력만 가지고서 우리가 생각하는 과학이나 원칙과 동떨어져 있었던 이 고대인들이 바라고 두려워하고 찬양하고자 했던 것을 알아낼 수 있을 것이라고 머릿속에 그려 왔습니다. 사람들은 당연히 태양과 폭풍우에 관심이 몰렸습니다. 모든 신화적인 묘사들은 장애 없이 일상적인 태양의 운동이나 폭풍우와 같은 하늘의 싸움으로 설명이 되었습니다. 그러한 자연주의자들의 환상은 분명 신화라는 형상 속에서 하나의 역할을 해왔습니다. 하지만 분명히 거기에는 본질적인 것은 없습니다. 그렇게 모든 것은 이런 방식으로 해석되어 왔습니다. 산스크리트 학자들은——사실대로 말하자면, 베다적인 표현의 함정에 빠져서——성급하게 시적이며 임시적인 해석을 했습니다: 어떻게 헤라클레스는 열두 가지 과업을 수행하면서 태양이 되지를 못했을까요? 아니면 어떻게 헤라클레스는, 그의 무기인 몽둥이를 가지고도 벼락을 떨어뜨리는 폭풍우가 되지를 못했을까요?

반세기 동안 이러한 사고 방식은 장애물을 만나지 않았습니다. 그리고 위대한 미셸 브레알은 아직도 이 두 방식을 시행하고 있습니다: 언어학과 비교신화학을 말입니다. 그는 우리가 말해 왔던 보프가 쓴 《비교문법》을 프랑스어로 번역하고, 그 전에 가장 순수한 자연주의자의 필치로 헤라클레스와 카쿠스의 전설에 주석을 붙여서 자신이 쓴 《의미론 평론》을 출간했습니다. 모든 방식은 재능을 보여 주는 방식으로만 행해졌습니다. 태양 신화와 폭풍우 신화를 위한 후방위적인 싸움마저도 없었습니다: 금세기초에 이것들은 사라졌습니다. 그것을 대체하기 위해서 다른 해석들이 시도되었습니다. 그 중의 하나는 또 다른 총론에 유용한 결과를 낳았습니다: 만하르트와 프레이저의 농경신화학 말입니다. 어쨌든 이러한 소멸, 즉 완전한 실패나 아니면 반 정도의 실패는 언어학자들의 마음을 놓이게 만들었는데 전적으로 과학적이었던 언어학자들의 연구는 발전해 나갔고, 이러한 연구는 위험한 사이비 과학의 혼란을 제거하는 장점밖에는 없었습니다. 내가 호소하는 부분이 바로 이러한 편견에 대한 것입니다.

■ 어떤 면에서 볼 때 선생님께서는 19세기 학자들의 총괄적인 지식을 복원하려고 했던 것 같은데 그것도 다른 근거에 기초해서 복원하려고 했던 것 같습니다. 그래서 선생님께서는 '공동 이데올로

기'에 대한 연구를 시작하신 것이고 비교신화학을 개조하려고 시도하셨습니다. 그것도 선생님의 첫번째 저서에서부터 말입니다. 그리고 이러한 행동 지침은 오늘날까지도 바뀌지 않고 있습니다.

그렇습니다. 하지만 건전하고 생산적인 결과에 도달하기 전까지 시행착오만을 겪어 왔습니다. 성령에 관한 모든 저서들처럼 종교는 하나의 단위를 형성하고 있고, 비정상적인 경우가 아닌 한, 신화학과 코드와 전략은 전반적으로 앞뒤가 맞아야 하며, 다른 면에서는 요소들이 적어도 본질에 부합되어야 한다는 생각에서부터 출발했습니다. 세부적인 면에 있어서 물론 모순이 있을 수 있지만, 그 속내를 살펴보면 잘 짜여진 것처럼 느껴지는 뼈대 같은 것이 있습니다. 도처에는 신화학이나 그에 준하는 것들이 존재하고 있고, 오스트레일리아 사람들에게서처럼 가끔은 아주 복잡합니다.

'인도-유럽인들'에게서, 그들의 가장 오랜 후손들에게서 대체되고 기록되었던 것들을 비교를 통하여 제거하고 막연하게나마 예상하고자 했던 것은 이러한 총체적인 것들로부터였습니다. 하지만 원칙을 적용하는 것은 쉬운 일이 아니었습니다. 무엇을 비교할 것인가? 어떻게 비교할 것인가? 어디서부터 시작해야 하는가? 1920년부터 1938년까지 거의 20년 동안 나는 시행착오를 겪었습니다——그렇습니다. 시행착오라는 말보다 더 나은 말이 없군요.

■ 결국에는 '구조'를 찾아내셨는데요. 소쉬르의 책을 읽고 나서 그렇게 된 건가요?

아닙니다. 나는 그의 책을 읽은 적도 없고 지금도 읽지 않습니다. 나는 그의 책을 자주 접하지 않습니다. 내가 약간 연구했던 것은 그의 위대한 저서가 아니라 그의 유명한 논문입니다. 그의 논문을 통해서 모음과 모음 교체 체계 문제를 제거하면서 인도-유럽인들의 연구에 결정적인 도움을 받았습니다. 아주 훌륭한 논문인데도 나는 한참을 지나서야 읽었습니다. 그때가 벤베니스트와 쿠리우오비치가 발전적인 새로운 방법으로 그 논문을 완성하고 그 가치 이상으로 발전시켰을 때입니다.

■ 선생님의 피 속에는 체계에 대한 개념이 흐르고 있었다고 봐야겠군요!

피보다는 영혼이라고 해야 맞겠죠. 모든 면에서 문법과 작가의 스타일이나 역사적인 기간에 관계되는 '전체적인 윤곽'이 세부적인 내용만큼이나 관심을 끌고, 대개의 경우 세부적인 내용을 명확하게 하고 그것들을 증명된다고 느끼기에는 고등사범학교 수험준비반까지 기다릴 필요가 없었습니다.

인도-유럽 신화들에 대한 비교를 시도했을 당시 이러한 확신은 분명히 내 연구의 출발을 지배했습니다. 방금 전에 재차 이야기했던 것처럼 이 암울한 시기에 내가 쓴 책들을 고려하지 않았다고 누누이 이야기했습니다. 하지만 꼭 그런 것은 아닙니다. 최근에 《불멸의 향연》의 서문을 다시 읽었던 친구들은 그 책 속에 이미 '전체적인 윤곽'의 존재가 자리잡고 있었다고 나를 안심시켜 주었습니다. 내가 다양한 형태로 인도와 그리스에서, 로마와 스칸디나비아에서 다시 찾았다고 주장하는 것은 아무 상관이 없는 이야기가 아닙니다. 그것은 당시 분명히 중세의 서사시를 암시하는 일련의 잘 짜 맞추어진 이야기이고 서로가 서로를 지배하는 '사이클'이라고 불렀던 것입니다. 내가 했던 시도가 실패하게 된 원인은——상당히 많은데——다른 데 있었습니다. 다른 원인의 원칙은 비교 요소의 한정에서만큼이나 유사성의 평가에 있어서 한심한 방임주의였습니다. 하지만 원칙은 건전했습니다. '사이클'이라는 말은 이후 거의 운이 없게도 내가 쓰는 용어에서 사라졌습니다. 나는 '사이클'이라는 말을 '체계'라는 말로 대체했습니다. 그리고 가끔 이 '체계'라는 말에 만족하지 않았던 것에 대해 후회하고 있습니다. 나는 당시에 에콜에서 나의 청강생이었고 나중에 플라톤 해석학자가 된 빅토르 골트슈미트의 반박을 받아들였습니다. 한 사회의 신화적인 핵심은 그 사회의 각 구성원들에게는 그들 의지의 독립적인 여건인 데 반해 '체계'는 의식과 의지와 계산을 연루한다고 그는 말했습니다. 따라서 '구조'라는 말을 사용하는 것이 더 가치가 있다고 했습니다. 사실 골트슈미트의 말은 옳지 않습니다. '구조'라는 말은 단지 라틴어로 말한 것이고, '체계'라는 말은 그리스어일 뿐입니다. 태양계를 말하거나 신경 체계, 분자 구조에 대해 말을 할 때 체계나 구조는 같은 말입니다. 하지만 그의 의견을 받아들여서 '체계'라는 말을 포기하고 '구조'라는 말을 썼습니다. 나중에 나한테 예상치 못한 결과로서 그럴 자격이 없는데도 선구자라든가 더불어 최초의 '구조주의 이론가'로 대접받게 됩니다.

■ 그러한 대접이 별로 탐탁치 않으셨나 봅니다. 1973년 《신화와

서사시 III〉의 서문에서 선생님께서는 '구조'라는 단어의 사용을 완전히 포기하겠다고 아주 강력하게 주장하셨습니다. 당시에 이러한 선언은 어떤 이들에게는 역공으로 받아들여지거나 적어도 클로드 레비 스트로스와 거리를 두는 것으로 해석되었습니다.

이 선언은 레비 스트로스에 반대하는 것이 아니라 그의 제자들 중 한 사람이 쓴 기고문에서 그 내용을 지나치게 단순화시킨 것에 대한 반응으로 단지 언짢은 기분을 표현한 것뿐입니다. 이렇게 불쾌한 일이 있고 난 후에 나는 그 이후 작품에서도 계속해서 구조에 대해 이야기를 했기 때문에 암묵적으로 용서를 빈거나 다름이 없습니다. 더군다나 레비 스트로스는 아카데미 프랑세즈에서 나의 가입을 축하하는 자리에서 유머스럽게 이 사실을 강조했습니다.

■ 최근에 우리는 선생님의 아카데미 프랑세즈의 가입에 관해서 레비 스트로스에 대한 이야기를 했습니다. 선생님께서는 그를 잘 알고 있구요. 선생님과 그와의 관계는 좀 오래되지 않았나 싶습니다.

그는 나보다 10세나 아래입니다. 전쟁으로 그는 프랑스를 떠나게 되고, 그를 만나게 된 것은 1946년이었습니다: 나는 한눈에 그가 보통인물이 아니라는 것을 알아보았습니다. 그보다는 내가 먼저 자

---

2) 《신화와 서사시 III *Mythe et épopée III*》, 《로마 역사 *Histoires romaines*》, Galli-mard, 1973.

리를 잡고 있었기 때문에 그가 에콜에 들어올 때와 콜레주 드 프랑
스에 선출될 때 작으나마 힘을 써주었고, 반면에 그는 나보다 먼저
아카데미 프랑세즈에 가입하고 있었기 때문에 내가 가입할 수 있도
록 도와 주었습니다.

■ 두 분의 관계는 언제나 별 문제가 없이 아주 평온했던 것 같습
니다. 하지만 그렇다 하더라도 사람들은 두 분의 갈등을 조장한
것으로…….

어디서든지 학자들이나 그들의 사상에 대해 서로 대립시키기를
좋아하는 사람들이 있는 법입니다. 닭들이 싸우고 싶지 않은데도
닭싸움을 시키는 것처럼 말입니다. 그 사람이나 나나 서로 다투고
싶은 마음은 추호도 없습니다. 게다가 무엇에 관해서 또 어떤 분야
에 관해서 우리가 서로 대립해야 합니까?

■ 레비 스트로스 편에 있는 사람들에게 '구조'라 하는 것은 일
반화되어 있는 것들입니다. 선생님께서는 인도-유럽인들에 관해
서만 이야기한다고 언제나 주장하셨고요.

양측의 입장은 정당한 것이고 또 서로 절충할 수 있는 것들입니
다. 그렇습니다. 레비 스트로스에게는 인간 영혼의 기능에 대한 일
반적인 법칙이 있습니다. 또 다른 관점에서 엘리아데에게도 같은
경우가 되는 것입니다. 엘리아데에 따르면 인간은 자기 내면 속에
그리고 자기의 무의식 속에 어느 정도의 원초적인 표상이나 원형을

가지고 있다고 합니다. 내가 하는 연구는, 내가 걱정하는 것은 그와는 다른 것입니다. 다른 사람들이 그리스 문헌학을 하는 것처럼 나는 인도-유럽인의 문헌학을 연구합니다. 내가 하는 것은 사실 관계를——확실한 사실들처럼 바로 이해할 수 있는 사실들에 대해 비교를 통해 추론해서 개연성이 있는 원형과 같이 바로 이해하기 힘든 사실들을——수립하는 것이 고작입니다. 물론 특별한 사실 관계이지만 말입니다. 인간 영혼의 기능에 관한 야심적인 문장들을 내가 쓴 책들 속 여기저기에서 쉽게 찾아볼 수 있을 것입니다. 하지만 나는 그것에 집착하지 않습니다. 나한테는 그것이 사치이고 장난일 뿐입니다. 아니면 시(詩)적인 발산이든가.

■ 사실 선생님께서 하신 분석은 항상 사례에 대한 분석인데 이러한 사례 분석을 모두 일반화시키는 것을 거부하신다는 말씀이군요.

우리들 각자는 어쩔 수 없이 학교 수업이나 시험을 치르기 위해서 준비한 학습 내용에 영향을 받을 수밖에 없습니다. 이것이 우리를 지배하는 것이죠. 앞으로 나아갈 방향뿐만 아니라 한계를 말이죠. 레비 스트로스는 철학적인 환경 속에서 성장해 왔고 나는 문헌학이라는 환경 속에서 성장했습니다. 따라서 나는 멀리서 어렴풋하게 다룬다 할지라도 레비 스트로스처럼 큰 문제들을 다루지 않습니다. 사람들이 가끔 뒤메질 학설이라고 말한다 할지라도 나는 이론가도 아니고 '뒤메질학파'도 아닙니다.

■ 사실이라는 영역을 벗어나고 싶지 않으십니까?

그것을 벗어날 권리는 확실히 있습니다. 하지만 그러기 위해서는 시를 쓰는 것인지 철학을 하는 것인지, 다시 말해서 상상적인 것을 하는 것인지 살펴보아야 합니다. 왜 상상을 안하겠습니까?

■ 선생님께서는 메시지를 전달하고 싶지 않다고 가끔 주장하시질 않으셨습니까.

사람들이 내가 한 연구를 보면서 내 연구 분야 그 이상의 어떤 유용한 철학적 시스템을 끌어낼 수 있을 것이라고 한번도 생각해 본 적이 없습니다.

*

■ 선생님께서 첫발을 들여놓게 되었던 이야기로 다시 돌아가겠습니다. 선생님께서는 선생님의 연구가 사법 제도, 전설, 색채, 의학으로 확산되기 전에 무엇보다도 종교에 관심이 있었습니다.

네, 어쩌면 취향이 그래서였는지 모르겠습니다. 그리고 비교를 하는 문헌들이——찬가, 제식, 이야기——아주 먼 옛날에는 거의 유일하게 종교적인 문헌이었기 때문에 그렇습니다. 종교와 더 정확하게 말해서 신학과 신화학 말입니다. 그리고 큰 줄기로 돌아보면 신학적 구조입니다.

■ 조금 전에 첫 저술서인 《불멸의 향연》에 대해서, 어쨌든 그 저서의 전문에 대해서 좀 색다르게 관대히 말씀하셨는데 정말로 이미 이야기한 '종합 연구에 관한 고심' 외에 다른 걱정은 없는 것입니까?

그렇습니다. 그리고 조금 더 냉정하게 바라보면 내 연구가 아주 나중에, 그러니까 1938년에 밝혀낸 것을 그때부터 이미 추론하고 있었는지도 모릅니다. 그것은 2개의 가설로 구성되어 있습니다. 첫 번째: 비교 재구성에 대한 근거는 인도와 그리스가 아니고 하나는 인도 아니 더 정확하게 말해서 인도-이란인 전체와, 다른 하나는 로마인데 로마는 라틴 종교와 이탈리아 종교를 어렴풋이 인정하고 있습니다. 두번째: 비교되는 용어들은 인도에서는 초자연적인 역사들, 순수하게 말해서 신화인데 이 신화에 나오는 인물들은 신들과 마귀들입니다. 반면에 로마에서는 역사로 가장한 이야기들이고, 여기에서 중심적인 역할을 하는 것은 사람들입니다.

《불멸의 향연》의 산물인 '구조'를 뒷받침하는 것으로 지금까지 남아 있는 이야기는 이렇습니다: 인도에서 신들은 죽음을 피하기 위해서 산 위에서 감로수인 amṛta를 준비합니다. 신들은 마귀들에게 지원을 요청하기조차 합니다. 하지만 감로수가 마련이 되면 마귀들은 이 고귀한 감로수를 탈취합니다. 그래서 비슈누 신은 마귀들을 사랑에 빠지게 해서 그들로부터 감로수를 빼앗을 수 있는 상당히 아름다운 여인의 모습을 갖을 수 있기를 꿈꿉니다. 로마에서 전설은 정치적인 악마인 귀족들에 대항하는 착한 서민들의 가장 위대한 영광 쪽으로 진행되는 서민들의 이야기입니다. 이 두 체제는 서

로 협력할 수 있지만 서민들은 귀족들의 가혹 행위에 이미 진력이
나서 성산으로 피신합니다. 하지만 성산에서 서민들은 굶어죽을 위
험에 놓여 있었습니다. 그래서 매일 밤 한 노파가 혼자서 몰래 서민
들이 살아남을 수 있도록 음식물을 가져다 주었습니다. 그리고 나서
이 노파는 특히 귀족 신인 마르스가 미네르바를 열심히 따라다니는
것에 대해 조롱을 합니다. 이 노파는 미네르바가 입고 있는 옷을 입
고 미네르바의 자리에 가서 신을 만납니다. 그 노파의 훌륭한 행동
을 인정한 서민들은 그 노파에게 안나 페레나라는 이름을 부여하고
신으로 추앙합니다. 이 여신은 1년 동안 생을 유지할 수 있도록 해
주고, 그 1년 동안만큼은 끝까지 확실한 삶을 보장해 주는 역할을
합니다. 매해 봄이 시작되면 서민들은 이 노파의 두 가지 선행, 음
식물을 가져다 주었던 일과 신을 골탕먹인 일에 대해 기념하는 축
제를 가집니다. 수많은 사람들이 모여서 질펀하게 즐기는 축제를 통
하여 일반적으로 남녀노소 구분할 것 없이 모두 다 자신들이 마시
는 술잔만큼의 생을 살아가기를 바라는 마음에서 술을 마십니다. 따
라서 이야기 내용은 다르지만 두 이야기의 구조나 연결 관계는 그
의도만큼이나 서로 공통점이 있는 것입니다. 단지 마르스 신이 출
현한다거나 안나 페레나라는 여신으로 추앙된다든지 하는 이야기
가 나오지만 본질적인 내용은 로마인들이 살고 있는 땅에서 로마의
사회 계급간에 일어나는 일이며, 죽음을 면하고자 하는 로마인들의
야망을 다음 축제까지인 1년으로 조심스럽게 제한하고 있다는 것입
니다. 서민들의 두 이야기와 안나 페레나와 감로수라는 요소에 그
리스 · 게르만 · 켈트 그리고 기독교적인 방법으로 접목시킨 것은 억
지로 끼워맞추었거나 솔직히 말해 환상일지도 모릅니다. 이 모든 것

에 대해서 그리스 감로수에 관해 내가 한 부연 설명에 대해서조차
도 남아 있는 것은 아무것도 없습니다. 단지 일종의 신격화된 여성
인 아메레타트를 통하여 의인화하고 있는 이란에서만이 확실한 증
거를 찾아볼 수 있습니다. 안나 페레나를 기리는 날처럼 아메레타
트의 날은 화사한 봄날에 행해지는 연초(年初)의 축제입니다.

■ 《불멸의 향연》에 대해 말씀하시는 데 있어서 약간의 관대함을
보이시기 때문에 그 이후에 쓰신 작품에 대해서도 같은 질문을 해
보겠습니다.

《켄타우로스의 문제》와 《우라노스-바루나》에 대해서 말입니까?
깊이 생각해 보면 상당히 후퇴되어 있습니다. 나는 지난 세기의 비
교신화학을 실추시켰던 유혹에 사로잡혀서 다시 함정에 빠지게 되
었습니다. 바로 비슷한 이름들 때문입니다. 그리고 그리스신화학은
풍부한 자료들 덕분에 비교하는 데 있어서 주요 도구가 될 수 있다
는 헛된 편견에 사로잡혀 있었습니다. 몇몇의 기교의 대가로 사람
들은 분명 몸은 말이고 머리는 사람인 그리스의 켄타우로스의 이
름과 몸은 사람이고 머리는 말인 인도의 간다르바를 비교할 수 있
었습니다. 하지만 켄타우로스와 간다르바에 대해서 이야기되었던
것은 모험과 봉사인 것이지 구조를 그린 것은 아니었습니다. 우라노
스와 바루나로 말하자면 이들 이름의 음성학적인 방정식은 거의 상
관이 없었습니다. 그리고 그들의 공통점은 신들의 서열에 있어서 우
라노스에게는 일시적인 것이고, 바루나에게는 지속적이고 실제적
이라는 높은 위치로 귀착됩니다.

■ 하지만 1938년 바로 직전에 쓰신 책 중에 《플라멘-브라만》을 읽어보면 선생님께서는 첫번째 함정에 빠진 것이지 두번째 함정에 빠진 것이 아닙니다. 이 연구의 기원은 아직도 비슷한 이름에 기원을 두고 있는 것이지만 인도 용어와 비교 상대가 되었던 용어는 로마어이지 그리스어가 아닙니다. 그런데도 불구하고 선생님은 그 이후인 이번의 선생님의 실수가 스캔들에 가깝다고 말씀하십니다.

그렇습니다. 하지만 나는 이 스캔들에 대해서 정감과 감사의 마음을 가지고 있습니다. 고대 로마 시대에 특정한 신을 섬기는 제관들을 관여시킴으로써 그라네의 영향은, 당신이 그렇게 부르고 있는 것처럼 1938년의 나의 영감과 전환과 연구를 촉진시킨 밑바탕이 되었습니다. 다르게 말을 한다면 1935년의 《플라멘-브라만》을 찢어 버리는 것보다 오늘날 막다른 길을 훤하게 트인 대로로 변형시킨 진전으로 표시하는 데 더 유용했던 것 같습니다. 사상사(思想史)에서는 의미가 없지만 나에게는 아주 중요한 것입니다. 내가 출발한 것은 비슷한 이름과, 우리 연구의 초기부터 관심을 끌게 만들었던 형태학적 특수성입니다.

첫째: flāmen은 고어(古語) *flag-smen이라는 단어가 변형된 최종적인 형태라고 볼 수도 있고(exāhmen은, agmen이 소나 말과 같은 '가축의 무리'들을 지칭하는 것과 비교해서, 벌꿀과 같은 '곤충들의 무리'를 뜻하는 *ex-ag-(s)men이라는 단어가 변형된 최종적인 형태이고, sūmen은, sūgere가 '빨아마시다'라는 뜻을 나타내는 것과 비교해서, '젖, 젖꼭지'를 뜻하는 *seng-(s)men이라는 단어가 변형된 최종적인

형태인 것처럼 말이다), 인도-유럽어의 bhlagh(s)-men이라는 단어로 거슬러 올라갈 수 있을 것인데 이 bhlagh(s)-men은, 중요한 요소인 접미사 's' 없이 산스크리트어인 brah-man이라는 단어를 파생시킬 수 있을 것입니다.

둘째: 라틴어에서 flāmen은 주격(主格)에서 중성의 형태를 띠는 단어들 중에서 유일하게 남성형입니다: *flāmo, (격변화하는 언어의) 제2격인 *flāmonis나 flāminis라는 단어들이 생각날 것입니다. 대칭적으로 베다어에서 brahman이라는 단어는 중성과 마찬가지로 남성으로 사용되어질 수 있습니다. flāmen의 어원은 분명 이상한 형태를 띠고 있지만 pater, māter, frāter라는 단어와 아주 오래된 다른 단어들에서 접미사가 선행된다는 것 이상의 이상한 형태는 아닙니다. 여기서 방식을 다섯 단계로 나누어 간단히 설명하려고 하는데 괜찮다면 약간 전문적인 방법으로 전개해 보겠습니다.

— 첫번째 단계. 나는 고유 명사라는 방정식의 가능성을 염두에 두면서 그 가능성을 높여 주고 동시에 로마와 인도에서 존재하는 성직자적인 메커니즘을 밝혀낼 수 있을지도 모르는 어떤 구조를 밝혀냈습니다. 1935년의 논문에서 표명한 것처럼 두 단어를 한편으로는 로마어의 rex와 대제관(大祭官)[특정한 신을 섬기는 높은 지위에 있는 사람], 특히 대제관 중에서도 최고인 주피터를 모시는 대제관과의 긴밀한 관계, 다른 한편으로는 인도의 rāj(an)과 브라만 계급인 브라마나(brāhmaṇa), 특히 성직 활동을 하고 어떤 면에서 자기를 신의 분신으로 여기는 특수한 브라마나와의 긴밀한 관계를 비교하면서 두 단어를 비교하는 그런 구조를 찾아냈다고 믿었습니다. 여기서 나는 프레이저학파들이 한 연구보다 더한 결과를 얻어낸 것입니다.

물론 프레이저는 이를 용납하지 않았습니다. 실패는 불을 보듯 뻔했습니다.

— 두번째 단계. 나는 1937년경 나중에 가서 어떤 차이점을 내포하게 되는 대응 관계에 주목했습니다. 인도에서 성직자인 브라마나는 계급 사회에서 맨 위를 차지하고 그 아래에 전사(戰士)들인 크샤트리아, 그리고 그 아래 생산 집단인 바이샤로 구성되어 있습니다. 그리고 로마에서는 대제관이 셋이 있는데 이 대제관 셋만이 주피터를 모시는 대제관, 마르스를 모시는 대제관, 그리고 퀴리누스를 모시는 대제관의 순서로 서열화되어 있습니다. 1938년 이 로마의 신들에 관해 더더욱 조심스럽게 관찰한 덕분에 신들에 대한 구별과 그 체계에 대한 원칙이 무엇인지를 명확히 밝힐 수 있게 되었습니다: 주피터는 가장 위대한 신이자 (천둥, 번개, 새 소리 따위로 점을 치는) 예언가들의 우두머리이고 로마의 영속을 지켜 주는 신입니다; 마르스는 전쟁의 신입니다; 복합적인 신인 퀴리누스는 전쟁이 평화와 반대되는 것처럼 마르스에 상대적이고, 그의 이름인 *co-uirīno-에는 쿠리아(*co-uiria-: 고대 로마 시민의 구분 단위, 집회소, 민회 등을 뜻함)에 모여 있는 시민 전체라는 말이 포함되어 있으며, 이 퀴리누스 신을 모시는 대제관이 유일하게 개입할 때는 여러 과정에서 곡물에 정성을 들이는 것과 관계된 축제 때입니다.

— 세번째 단계. 곧바로 관점이 바뀌게 되고 문제 제기와 문제를 해결하는 출발점, 그리고 플라멘-브라만이라는 방정식의 증명이라는 사항들은 이전에 비해서 부차적인 사항들이 되었습니다: 인도에서는 사회의 분단을 불러일으킨 3기능을 로마는 로마신학에서 서열화하고 있습니다. 3기능 구조의 중요성은 여기 대제관이 섬기는 신

들의 체계 속에서, 그리고 사회 현실 속에서 나타나는 것들로서 밝혀졌습니다.

— 네번째 단계. 중대한 괴리가——즉 로마에서는 기능적인 신(dieu) 셋 모두는 각각 제관(flāmen)이 있는 데 반해, 인도에서의 브라마나들은 3개의 기능 계급 중에서 첫번째 계급만을 형성하고 있다는 것——바로 해결되었습니다. 문제 제기가 잘못되었던 것입니다: 브라마나는 동의어가 아니라 단지 악센트의 위치에 따라 중성이나 남성이 되는 그 성이 애매한 브라만이라는 단어의 파생어입니다. 따라서 라틴어에서 플라멘이 남성인 것처럼 브라만이라는 단어는, 기원은 중성이고 형태는 남성인 단어 플라멘과 비교해서 설정해야 합니다. 제사장들 곁에서 신을 위해 모든 것을 헌신하는 베다의 사제단들 가운데에서 이 사제단을 이끄는 사람은 특별히 브라만이라고 불려지는 제사장입니다. 모든 것이 순조롭게 잘 진행이 된다면 이 제사장은 거의 개입을 하지 않지만, 제식에 관한 문제가 발생할 경우에 이 제사장은 제식 문제의 해결사로서 개입하게 됩니다. 오로지 이 제사장만이 잘못된 것을 시정할 수 있는 능력이 있는 것입니다. 결과적으로 비록 문제가 발생하지 않았다 하더라도 그 제식에 대한 은공의 반은 제사장의 몫이 되는 것이고, 나머지 반은 그 밑의 제식을 집행하는 제사장들의 몫이 되는 것입니다. 이 제사장의 역할이 다른 제사장들과 동등한 것이 아니라면 이 제사장이 당시 제식에 봉헌되고 있는 신들과 특별한 관계를 가지고 있다는 것은 무엇을 뜻하는 것일까요? 당신도 알다시피 그런 것 또한 로마에서 각 제사장들, 특히 주피터를 섬기는 제사장의 기능인 것입니다. 따라서 '모든 로마의 제사장(flāmen)들' 과 비교해야 하는 것은 '모

든 희생'에 대한 신비적인 부분을 관할하는 그 우두머리인 브라만 입니다. 큰 차이점이 나타나게 된 것은 내가 붙인 '모든'이라는 단어의 위치에서 비롯된 것입니다. 로마에서는 각 사제(flāmen)들이 독단적으로 신에 대한 숭배라는 행사를 수행하고 숭배 행사가 없더라도 항상 이 특별한 신과 로마의 관계를 지속시키고 있는 데 비해, 인도에서는 브라만처럼 행사하는 브라마나는 그 신이 누구건간에 제식을 행할 때에만 그 기능을 맡고 있을 뿐입니다. 같은 관점에서 볼 때 이 사제들의 이름은 인물보다는 신들과 교감하는 신비적인 방법을 강조한 것이기 때문에 사제들의 이름이 중성을 띠고 있다고 증명되는 것입니다.

— 마지막 단계. 내가 방금 설명했는데도 불구하고 플라멘-브라만이라는 방정식을 사람들이 받아들이건 거부하건 간에 핵심은 변하지 않습니다. 핵심은 주피터-마르스-퀴리누스 3신(神)이 인도의 사회 계급과 같은 3기능 개념에 기초하고 있다는 사실을 인정하는 데 있다는 것입니다. 그리고 이에 대한 반발로 로마의 교훈은 나중에, 기원전 14세기 인도로 가는 대신에 서양으로 방향을 돌린 인도인 조상들 중에 하나인 미탄니의 아리야 왕이 자신의 성역을 결정했고, 오늘날 보가즈쾨이 서판(書板)에 히타이트어로 미트라-바루나, 인드라, 나사탸 쌍둥이라고——이들은 대체로 사회 메커니즘의 3기능에 대한 신들이다——씌어진 것을 확인할 수 있기 때문에, 신들의 서열에 의미를 부여하는 것을 가능하게 되었던 것입니다.

그 이후의 내 모든 연구는 이러한 첫번째 고찰에서 비롯된 것입니다. 결과적으로 이러한 고찰을 하게 된 계기는 1935년의 소동에서 비롯된 것입니다. 그때 일이 감사할 따름이죠.

제 2 장

나르본 사람들과 야야티의 후손들

■ 처음에 그렇게 혼란을 많이 겪었음에도 모든 일이 문제없이 또 거침없이 이루어졌다고 하니 잘 믿어지지가 않습니다. 그 이후에 진행되는 연구들은 아무런 어려움 없이 이루어졌습니까?

그 이후에도 어려움이 많아서 가끔 난관에 봉착되기도 하였습니다. 1938년처럼 알쏭달쏭한 서술 내용들을 결정적으로 좀더 확실한 서술 방식으로 바꾸게 만든 새로운 상황들 말입니다. 당신은 그 주요 내용을 알고 있을 겁니다: 지금의 아일랜드 기독교인들처럼 시저 이전에 켈트족과 갈리아족은 실제로 자신들의 사회 기능을 3단계로 구분지어 놓았습니다. 이는 브라마나, 크샤트리아, 그리고 바이샤와 정확히 일치하고 있고, 인도의 *rāj*에 상응하는 –rix라는 이름으로 계급화되어 있습니다. 이러한 사회 현실을 인도-유럽어족으로까지 거슬러 올라가야 할까요? 적어도 다른 분야에 있어서도 그러한 자취들이 잔존하고 있을까요? 이 문제는 가령 로물루스 시대에 대해 간략하게 도식화하기 위한 원래의 3신(神)(주피터-마르스-퀴리누스라는 3신은 나중에 주피터-주노-미네르바로 대체된다)의 기능적 가치를 발견했던 같은 시기에 로마에 관해서 제기되었던 문제였습니다: 전통적인 분석에 의하면 도시는 로물루스와 전문적인 군인들로 사전에 구성된 에트루리아 부대로 보강된 주피터의 약속을 지키는 사람들인 로물루스의 부하들과, 다른 한편으로는 땅과 여성들의 소유자인 티투스 타티우스 왕 휘하에 있는 사비니 사람들과의 전쟁을 겪으면서 설립되었다고 말합니다. 전쟁이 끝나자 이 세 구성원들은 통합된 사회에서 화합하고 공존하게 되었을 것입니다. 이 단일 사회는 단순히 자신들의 우두머리의 이름을 딴 세 부족(람넨세스 · 루케레스 · 티티엔세스)으로 재구성되었고, 각 부족은 10개의 쿠리아[고대 로마 시민의 구분 단위]로 나누어집니다. 역사가 시작되기 전, 로마가 생겨날 때, 확실히 각 라틴 사회는 이 중에 로마가 유일하게 알려져 있는데, 시민들은 인도나 켈트인들과 같은 방식으로 3개의 계급으로 원래부터 나누어져 있었고, 그리고 분석학자들이나 아니면 그들보다 이전의 사람들은 이탈리아 영토에서 로마 시대 이전의 전통이 뿌리내릴까 걱정이 되어서 이런 기능적인 구분을 인종적인 구분으로 덮어씌웠던 것으로 결론을 내리고자 하는 유혹이 강했습니다. 나는 그것을 유혹이라고 말해 왔습니다. 여러 가지 느낌이 들었고 그 느낌은 10여 년을 거치면서 미묘하게 변했습니다. 하지만 숙고 끝에 여기서 유혹을 이기지 못한다고 해서 문제가 되지는 않을 것이라는 생각이 들었습니다. 신뢰할 만한 '역사'라 하는 것은 로마에서는 최근의 일입니다. 역사가 기록되기 시작했을 때 에트루리아 점령, 왕정의 폐지, 시민 계급의 발전과 같이 혁신적인 사건들을 통해서 이루어진 사회 질서는 벌써 우리가 알고 있던 그런 형태를 띠고 있었고, 그것은 에트루리아인들에 의해 원래의 주피터-마르스-퀴리누스 3신(神)을 주피터-주노-미네르바로 대체한 3신보다 훨씬 3기능적인 것이 아니라는 말입니다. 하지만 종종 그렇듯이 이데올로기의 생(生)은 현실보다는 상상 속에서 훨씬 더 지속되었고, 또한 쓸모없는 것이 되었다 할지라도 주피터를 모시는 사람들과 전쟁 전문가들 그리고 목축을 하는 부자들의 자금 결합에 의한──그리고 금방 현실로 드러난 초창기 3부족들은 이런저런 방법으로 기능적인 색채를 띠게 되었다는 아련한 기억도──로마 건국 신화는 3기능에 따라 존속되었던 것입니다. 일종의 등록 상표와도 같은 명확한 흔적이 역사 시대까지 잔존했을 가능성이 상당히 높습니다. 물론 이 역사 시대에서 누가 최초로, 3신마다 10명의 쿠리아인 관계로, 30인이었는지는 알 수 없습니다. 다시 한번 반복해서 말하지만 쿠리아의 본 명칭인 *co-uiria-라는 이름은 퀴리누스의 본 명칭인 *co-uirīno와 유사합니다. 쿠리아테스(curiates)들의 모임은 각 부족마다 1명씩 30명의 대표자와 3명의 사제로 33명으로 변하게 됩니다. 따라서 인도에서는 아디티아, 루드라, 바수라는 세 개의 기능적 그룹 속에 포함된 신성 사회 전체는 다음과 같은 공식으로 요약할 수 있는 것입니다: '33신'은 다양한 방법으로 해석되어 왔지만 그 중에 하나가 바로 3(신) 곱하기 10(쿠리아) 더하기 3(사제)입니다. 조로아스터교로 개종한 이란은 적어도 33 라투스로 불리는 다양한 카테고리에 있는 사람들을 보호하는 신들의 숫자를 유지해 왔기 때문에 이러한 공식은 매우 오래된 것입니다.

　물론 당대의 문서를 읽은 것이 아니기 때문에 사람들은, 그리고 내 자신조차도 해석의 세세한 부분에 대해서 다른 의견을 가질 수 있습니다. 방금 전에도 말했듯이 라틴인, 에트루리아인, 사비니인이라고 하는 인종적 분류는 나중에 무엇보다도 주로 기능적인 구성원들에게 적용되었을 가능성이 있습니다. 반대로 이 세 인종은 실제로 로마 건국에 기여를 했을지도 모르고 또한 전통에 따른 이 3기능적 분류는 인위적으로 그 기능에 적용되었을 가능성도 있습니다. 적어도 이러한 가정(假定)들은 극단적인 가정이기는 하지만 현재로서 두번째 가정은 내가 보기에는 별로 가능성이 없어 보입니다.

하지만 이것은 내 관심사가 아니고 더구나 역사 시대 이전의 역사에 대해서 정확한 역사를 규명해야 하는 임무도 나에게는 없습니다. 내가 하는 연구는 고작해야 저술가들이, 부족(部族)이라는 범주 안에서 먼저 분리되고 충돌하고 그 이후에 서로 협조하는 것을 보여 준 세 부족에 소속된 인종 구성원들의 기능적인 색채와 고대에 대한 범주를 가늠하지도 않은 채, 프로페르티우스 · 티투스 리비우스 · 플루타르코스 그리고 디오니시오스를 통해, 계속해서 형태와 이미지를 형성하고 있는 사건들과 이야기들이 무엇이었는지 확인하는 것에 불과합니다.

■ 결국 로마인들이 실질적인 사회 구조 내에서 3기능에 대한 이데올로기를 가지고 있던가 아니면 실현시키지 못했던 간에, 로마인들은 자신들의 문학을 통하여 그들이 연루되어 있는 사회 모델과 정치철학 모델에 대한 훌륭한 증거가 되는군요.

네, 바로 그렇습니다.

■ 그런데 거기에 대해서조차도, 이 이데올로기는 인간 정신에 필요한 당연한 것으로 해석되기 때문에 결국 어느 사회나 어느 시대에서도 나타날 수 있는 것이다라고 주장하는 선생님의 의견에 반대하는 사람들에게 힘을 기울일 생각은 없습니까? 모든 사회는 이지적으로 통치되든가 아니면 적어도 그렇게 인도되고, 자신을 방어하고, 경우에 따라서는 침략하고, 그리고 마지막으로 스스로를 부양하고 영속시켜 나가야 할 필요가 있는 것이 아닙니까?

당연합니다. 예를 들어 로마에 관한 내 가설은 의도가 서로 다른 두 그룹의 반대파들에게 반박을 당했습니다. 한 그룹은 일반적으로 모든 비교 논쟁을 거부하는 순수 라틴학자들입니다. 이들의 반박 내용은 첫째로, 나는 주피터-마르스-퀴리누스 3신과 전(前)에트루리아 부족들의 성향에 대해서는 인정된 것이라고 생각했는데 그들은 이런 기능적 구조에 대한 흔적들이 가공된 것이다라는 등, 주피터-마르스-퀴리누스는 필연성에 의한 것이 아니라 역사의 우연에 의해 결합된 것이다라는 등, 로마를 건립한 사람들은 바로 부득이하게 몇몇 에트루리아인들과 연합한 로마인들과 사비니인들일 것이고, 이들 모두는 전쟁을 위한 모임이나 종교적인 모임을 갖기 이전에는 각각 자기 민족들만 생각했던 사람들로서 자기 나름대로 통치하고 자기 나름대로 스스로 부양하기 일쑤였던 사람들이었다는 등등을 주장합니다. 이러한 반박에 대해 내가 대답할 수 있는 것이라곤 고대 문헌들과 그라네가 쓴 책들을, 그리고 내가 존재하는 이유가 여기에 있기 때문에 기꺼이 고백하건대, 다른 인도-유럽 민족들에 대해서 비교를 통해 밝혀진 내용들을 더욱더 주의해서 읽어보라고 권하는 것밖에 없습니다. 그렇게 해서 로마인들과 사비니인들이 전쟁을 거치고 나서 병합했다는 내용을 보게 되면, 서사시 형식으로 스칸디나비아의 선조들이 이야기하고 있는 최고 권력과 전사(戰士)의 신(神)인 아세스들과, 다산(多産)과 평화의 신인 바네스들이 전쟁을 거치고 나서 병합을 했다는 것과, 인도에서 인드라로 대변되는 최고 계급의 신(神)과, 나사탸 쌍둥이로 대변되는 세번째 계급의 신들이 갈등을 거치고 나서 연합을 했다는 내용을 떠올리게 될 것입니다.

또 다른 반박은 당신이 조금 전에 지적한 내용과 일맥상통하는 것으로, 앞의 내용과 반대되는 내용입니다. 사람들이 말하기를 3분 기능은 필연적인 현상이기 때문에 대부분의 경우에 발견될 수 있고, 또 그래야만 하기 때문에 특별히 인도-유럽어족에만 해당되어서는 안 된다는 것입니다. 이 논박은 일종의 생리학적인 '현실'과 이 현실에 관한 '성찰'이라는, 현상이 다른 두 가지를 혼동하고 있습니다. 그렇습니다. 모든 사회는 생존하고 영속하기 위해서 고찰과 힘과 지속성이 필요하거나, 아니면 달리 말해서 사회에 제기되는 신과 인간의 문제 속에서 효과적으로 자신을 보호하고 번영과 양식을 생산해 낼 수 있는 능력이 필요합니다. 하지만 이것이 자연적으로 해결된다면 우리가 거만하게도 지식인이라고 일컫는 사람들이 이런 자연적인 필요성을 해결하기 위한 직접적인 노선의 일환으로 기능적인 계급 구성을 채택했을 것이라고 생각하는 사람들은 거의 없을 것입니다. 고대 세계를 통해서 비추어 보았을 때 철학자들은, 왜냐하면 이 모든 것들은 소크라테스 이전에 정립된 것들과 마찬가지로 철학에 근간을 두고 있기 때문에, 특히 높고 낮음, 하늘과 땅, 왕과 백성과 같은 양단 논법을 이용하거나 불·흙·물 등등과 같은 원소 체계에 기초를 두고 있기 때문입니다. 이집트의 예를 들어 봅시다. 그리스인들은 적어도 이오니아 부족들의 이름 속에 기능적인 틀에 대한——현실이든 비현실적이든 상관없이——흔적을 간직하고 있고, 이 틀을 이집트에서 물려받은 것으로 추측하고 있었습니다. 이는 묘한 상황 반전이 아닐 수 없습니다. 사실 제일 위에 사제들이 있고 그 밑에 군대를 배치한 것으로 사회 계급을 나열해 놓은 가장 최초의 이집트 기록은, 이집트 사람들의 시각에서 볼 때 기원전 2000년 전에 이집트 왕들이 인도-유럽인의 전차를 가지고 있었을 정도로 비교적 활발한 접촉을 한 때보다도 한참 훗날의 기록입니다. 하지만 기원전 1000년경에 그리스인들이 이집트를 알게 되었을 때 이집트에서는 사회 계급이 정착되어 있었고 풍습으로 자리잡고 있었습니다. 이오니아인들은 인도-유럽인의 기능적인 틀을 상속이라는 직접적인 방법으로 물려받았음에도 불구하고, 다른 한편으로는 자신들의 전통과 풍습을 매혹적인 이집트에서 찾아야 되는 것이 당연하다고 여겨서 자기들이 물려받은 이 틀을 이집트에서 도용한 것으로 간주하고 있으니 말입니다.

일신교도들의 히브리 성서를 예로 들어 봅시다. 이 성서는 적어도 어디에선가 신의 행동 방식에 대한 3기능적인 분석을 하게 할 수 있었을 것입니다. 그러나 그렇게 하지 않았습니다.

사회 구성에 대해 말하자면, 만약 오르콘의 한 터키인에게 그가 전사(戰士)인지 아니면 양치기인지 물어본다면 그는 그 질문을 이해하지 못할 것입니다. 그는 가축을 기르면서 동시에 자신의 가축을 지키고, 이웃의 가축을 뺏어 오기도 하며 새로운 방목장을 정복하기도 하고, 무속인들을 사회 조직의 상층부에 위치시키는 것이 아니라 대장장이로 이용하기도 합니다. 중국에서도 천자(天子)는 수많은 전문 분야로 한없이 쪼개져 가는 세상을 자신의 명령에 따라 임시적으로 수립한 계급 체계 이외에 다른 계급 체계 없이 통치했습니다. 분명히 3기능적인 세계관을 가지고 있었던 전(全) 인도-유럽 어족은 독창적임에 틀림없습니다. 선사 시대에 이 세계관은 어떻게 구성되었을까요? 이 세계관은 상류 계급과 하류 계급 사이의 중간에 해당하는 계급을 강제했을지도 모르는 기병대와 전차의 발명에 의거해서 창조된 사회적인 현실에서 생겨났을까요? 조금 전에 내가 언급한 성찰이라는 것은, 다시 말해서 이 분야에 관해서 적어도 한 부분에 관해서라도 브라만과 드루이드의 성직자들인 현자들이 한 성찰의 역할은 무엇이었을까요? 그 원인들에 대해서는 추측밖에는 다른 도리가 없습니다. 중요한 단 한 가지 사실은, 이 원인들에 대한 결과가 역사 속에 나타나는 다양한 결과들을 통해 입증된다는 것입니다.

■ 그렇다면 인도-유럽인의 '정신 구조(Mentalité)'에 대해서 논해야 합니까?

신중해집시다! '정신 구조'란 말은 일종의 지적(知的) 구조 메커니즘을 의미하는 것이기 때문에 생물학, 신경 체제, 유전자 구조에 대한 이야기로 흐르기 쉽습니다. 그래서 이러한 본질을 무시한 메커니즘, 눈에 보이고 이해할 수 있는 부분에 대해서만 이야기합시다. 즉 '이데올로기'로 국한합시다. 게다가 앞으로 다룰 문제들과 관련된 애매한 사실들을 확인해 가면서 말입니다. 고대 스키타이의 경우는 주목할 만하다고 할 수 있습니다.[1] 기원전 5세기에 헤로도토스가 기록하고 나중에 퀸투스 쿠르티누스 루푸스가 여러 가지 다른 유형들과 함께 확인한 바 있는 고대 스키타이의 건국 신화에 의하면, 초창기 3형제 시대에 금으로 만들어진 아주 뜨거운 기능적인 도구들, 즉 잔, 도끼, 그리고 멍에가 달린 보습이 하늘에서 떨어졌다고 합니다. 3형제들 중에서 오직 막내만이 도구에 손을 댔을 때 뜨거운 열기가 수그러들어서 이 도구들을 취할 수 있었다고 합니다. 이 때문에 막내는 기능에 필요한 스키타이인들을 수호해 주는 우두머리가 됩니다. 그의 두 형들은 번역하기 힘들지만 아무래도 기능적인 것과 관계가 있을 법한 이름으로 다른 여러 스키타이 민족들의 시조가 됩니다. 헤로도토스 시대에 스키타이 사회가 실제로 기능적인 계급으로 나누어졌었는지 확실하지 않습니다. 이 건국 신화 이외의 다른 어떤 문헌에서도 이를 암시하는 내용을 찾아볼 수가 없습니다. 하물며 광활하게 퍼져 있는 전체 스키타이 민족 중에 가장 오래까지 잔존하고 있던 근대 오세트 민족에게서도 3분 기능은 더더욱 찾아볼 수가 없었습니다. 1917년 혁명이 일어나기 전까지 이 근대 오세트 민족의 사회 구조는 군주, 다양한 귀족 계층, 계급이 없는 자유민, 그리고 노예로 구성된 봉건제였습니다. 하지만 민중 서사시에 나오는, 그들의 조상이자 영웅이었던 나르트인들은 크게 세 집단으로 나누어져 있습니다: 성체 배령을 하는 성대한 잔치 문양이 둘레에 새겨진 성스러운 잔을 소장하고 있는 부류로서 '지혜'로 정의되는 알레가테라 불리는 집단; 실제로 무력적으로 가장 강

력한 부류로서 '힘'으로 정의되는 엑세르테그카테라 불리는 집단; 가축의 무리를 소유하고 있는 부류로서 '부(富)'로 정의되는 보라테라 불리는 집단으로 말입니다. 2000년 훨씬 이전부터, 이 모델과는 상관없이 구성된 사회에서 이러한 3기능에 관한 사상을 유지하고 있다는 사실은 이미 주목받기에 충분한 것들입니다. 이것이 가장 특이한 점이고 또한 '정신 구조'에 대해 제기되는 가장 중대한 문제이기도 한 것입니다: 오세트 민족, 체르케스 민족, 아브하즈 민족, 체첸 민족들과 인접하고 있는 코카서스 민족은 오세트의 서사시의 상당 부분을 받아들이고 이를 상당히 발전시켰습니다. 그래서 대부분의 경우 예외 없이 세 개 집단의 기능적인 특징을 암시하는 모든 부분은 사라지게 되는데 이는 모든 영웅들이 용맹과 성공의(체르케스, 아브하즈) 수준에 대한 아무런 등급 없이 한통속으로 매도되었거나, 아니면 세 개 집단이 기능뿐만 아니라 '선'과 '악'이라는 반대 개념으로 인해 두 개의 집단으로 축소되어서 그랬을지 모르겠습니다. 이 모든 것들은 마치, 비록 오세트 민족 자신들은 사회 현실에서 3기능의 선을 무너뜨렸다 하더라도 건국 신화 속에는 3기능에 대한 내용을 충실하게 보존해 왔는데, 이 전설을 받아들이는 비(非)인도-유럽인들은 오세트 민족의 이러한 3기능의 잔재들을 받아들일 수 없어서 의도적으로 배제라도 한 것처럼 진행되었던 것입니다. 여기서 이를 인종 문제와 체질적인 무의식적 성향 문제로 볼 수는 없습니다. 사실대로 말하자면, 더구나 세 개의 영웅 집단은 그렇다 하더라도 서사시 내용에 있는 3기능에 관련된 모든 것에 적용되었던 이러한 배제 과정을 어떻게 설명해야 좋을지 모르겠습니다. 하지만 이것은 어쩔 수 없는 현실입니다.

■ 지금까지 오세트 서사시에 대한 말씀을 하셨는데 선생님께서는 이 서사시에서 일종의 화석을 발견한 것처럼, 사회적인 관습에서 오래전부터 상실되었고, 또 비잔틴 종교에서 이슬람교로 바꾼 이 사람들이 숭배하는 종교에서 잊혀졌었던 3기능을 발견해 내셨습니다. 서사 문학은, 신화학과 신학이 여러 방면에서 증거를 선생님께 제공하고 있는 것처럼 정확하고 체계화가 잘된 수많은 증거를 제공하는 것 같습니다.

실제로 그렇습니다. 그리고 아주 운이 좋았던 것은 이 종교 교리를 통한 증거와 서사 문학을 통한 증거가 서로 일치한다는 것입니다. 이따금 이러한 증거를 보존하고 있는 문헌들 속에서 이 증거들이 의도적으로 연결되어 있다는 것을 발견하기도 합니다. 하지만 만약 당신이 우리가 오랫동안 로마 왕의 '역사'에 관해 이야기했던 것들을 염두에 두고 있다면, 그 당시의 '역사'란 아주 오래된 서사시일 뿐이기 때문에 이는 더 이상 새로운 주제가 될 수 없습니다. 그들의 영웅과 음모에 대한 내용을 다루고 있는 이 서사시들은, 인간들의 모험과 인간들과의 관계로 설정되고, 인물과 장소와 시간의 이름을 친근감을 느끼도록 우스꽝스럽게 꾸민 신화학과 신학에 해당되는 것일까요? 아니면 대역을 통해 같은 이데올로기를 표명하고 또 이를 화신시키는 방법을 쓰는 신화학같이 아주 오래된 다른 여타 문학 장르에 해당하는 것일까요? 아마도 이에 대한 유일한 대답은 없을 것입니다. 몇몇의 중요한 부분에 있어서 각색의 의도가 있었다는 것은 확실합니다. 《마하바라타》[2]라는 인도의 위대한 서사시를 예로 들어 봅시다. 영웅들 중에 중심이 되는 영웅들은 판다바 5

형제들이고 각 형제들의 특징은 태어난 순서에 따라 기능에 의한 서열을 형성하면서, 3기능 하나 하나에 맞추어져 있습니다: 제일 먼저 맏형은 최고 통치자로서 기본적으로 공정하고 진실하며, 그 다음 두 형제는 전사들로서 하나는 잔인하고 몽둥이로 무장하고 있고, 다른 하나는 기사답게 의협적이고 활을 잘 쏩니다. 끝으로 마지막 두 쌍둥이는 그들의 형들을 받드는 봉사자로 정의되고, 이들을 잘 표현하고 있는 이야기로서 말과 소를 사육한다는 공통점이 있습니다. 그런데 이들은 이복형제이고 판두는 명목상의 친부(親父)일 뿐입니다. 실제로 이들은 각각의 신들이 판두의 아내들을 통해 잉태시킨 형제입니다. 이들을 잉태시킨 신들의 서열은 방금 전에 말한 표준적인 명부, 즉 보가즈쾨이의 개론에 나오는 미타니 신들의 명부에 비해서 약간씩 다른데 어떤 점에서는 젊어졌고 어떤 점에서는 더 보수적입니다: 먼저 다르마는 '정의'를 의인화한 것으로서 바루나와 미트라, 그 중에 특히 미트라의 옛 통치권을 행사하는 자리에 해당됩니다. 바유와 인드라, 이 둘은 '전사'들입니다. 그리고 나사탸 쌍둥이는 '민중의 신'들입니다. 성격이나 노선이나 몇몇 모험들에 대한 세부적인 내용들을 보면 이 영웅들은 각각 자신들의 아버지인 신의 모습을 겸하고 있습니다. 그리고 이러한 변천 과정은 판다바 형제들을 제외한, 선하고 악한 모든 위대한 영웅들을 위한 시(詩)로 표현되고 있습니다. 예를 들자면 태양(Soleil)의 아들인 카르나는 어머니가 둘입니다. 하나는 생모이고 하나는 양모입니다. 베다의 태양신이 밤(Nuit)과 오로라(Aurore)라는 두 자매의 아들이라고

---

2) 이는 《신화와 서사시 I》 1부에 해당하는 재료이다.

말해지는 것처럼 말입니다. 그리고 베다의 찬가에서 인드라가 태양의 마차 바퀴 중의 하나를 빼버리거나 훔치거나 처박아 버렸다고 말하는 것처럼 이 카르나는 자기 마차의 왼쪽 바퀴가 땅에 박히기 때문에 인드라의 아들인 아주르나의 공격을 받고 죽습니다. 만신(萬神)을 뜻하는 비스베데바라는 이상한 이름을 가지고 있고, 실제로 자신들의 특수성을 포기하면서 아디티아, 루드라, 그리고 바수의 특성을 잘 나타내고 있는 세 개의 큰 기능적 그룹의 추가로 요약되는 뭔가 불분명한 베다의 집단은 그래도 분화되지 않은, 판다바 형제들의 공동 아내이자 형제들 각자에게 각각의 자식들을 하나씩 낳아 준, 드라우파디 아들들의 집단으로 전환됩니다.

전환의 여파는 그 작용이 의식적인 것 이상, 즉 의도적이고 체계적이었다는 것을 증명합니다. 이는 어쩔 수 없이 작가나 아니면, 어쩌면 몇 세대에 걸쳐 이어 내려왔지만 언제나 계획에는 잘 따르는, 학교가 인간의 수준에서 신성 사회의 관계와 사건들에 대해 한 점씩 한 점씩 표식을 제거하는 행위를 창안하고 실현시켰다는 것을 인정하도록 만듭니다.

■ 서명 날인만 하면 되는, 계획에 의한 이런 종류의 전환 작용을 다른 곳에서 찾아볼 수 있습니까?

이에 대한 것으로 베르길리우스[3]가 사인한 《아이네이스》의 2부는 간접적이지만 명확한 좋은 예가 됩니다. 이 시(詩)의 전반부 6개

---

3) 《신화와 서사시 I》의 2부의 재료이다.

노래들은, 장차 로마가 들어서게 되는 지역에서 멀지 않은 라티움 언덕 위에서, 장차 아이네아스의 번영을 보장하게 될 사람들인, 여자들은 제외하고 신탁을 수호하는 사제들과 트로이 사람들의 수호신인 페나테스를 숭상하는 아이네아스와 그의 추종자들인 트로이의 영웅들에 대해 진술하고 있습니다. 이 시의 후반부의 6개의 노래들은 아이네아스가 두 민족간의 공조와 병합에 따른 전쟁 속에서 고통스럽게 건국되는 상황들을 모아 놓은 것입니다. 이러한 전형적인 로마의 탄생을 위해서 베르길리우스는 로마 건국의 전통적인 이야기를 구성하는 3인조 게임을 재창출해 냈음을 제시한다는 것이 가능했었습니다. 로물루스처럼 신의 혈통인 아이네아스는, 신들과 약속을 하고 트로이에서 탈출한 아이네아스와 그의 추종자들은, 로물루스의 전설에서 사비니인들이 그랬던 것처럼 농토에서 일하고 있는 농부들을 힘겹게 전쟁터로 이끌고 온 라티누스 왕과 전쟁을 합니다. 게다가 이 전쟁을 위해서 아이네아스는 에트루리아인들과의 협력을 준비하는데 이 에트루리아인들은 평범한 에트루리아인들이 아니라 이미 군사 전문가인 장수의 지휘를 받는 부대로 편성되어 있었고, 신의 계시에 따라서 외국 장수의 도움 요청이 있을 때 이에 응할 만반의 준비가 되어 있었던 에트루리아 군대를 말합니다. 이 전쟁의 마지막은——베르길리우스는, 이 전쟁의 끝부분에 대해서 묘사는 하고 있지 않지만 다음과 같이 끝나게 될 것이라고 예고합니다. 게다가 노래가 이렇게 끝을 맺는 것은 당연한 것이 아닙니까——아이네아스가 라티누스의 딸과 결혼하고 적대 관계에 있던 민족들이 서로 공조하는 것으로 막을 내립니다. 그리고 새로운 도시에 함께 모인 상대편 사람들 모두는 사제들을 통해서 이렇게 결말나기 전에는 상황이 종결되지 않을 것임을 알고 있었습니다: 아이네아스는 아내와 약속된 땅이 필요했었고, 에트루리아 군대는 자기들을 이용할 외부인을 물색하고 있었으며, 라티누스 왕은 사위를 고대하고 있었던 것입니다. 이는 몇몇 세대를 거치면서 이미 진부한 것이 되어 버렸고, 베르길리우스가 모든 재주를 동원해서 치장한 로마의 기원에 있어서 사비니 전쟁과도 같은 도식입니다. 기능적인 관계를 통해서 이 세 주역들의 임무와 특징을 강조하는 시인의 주장은 이 시대의 사람들이 로마를 건국하는 로물루스, 루크몬, 티투스 타티우스 세 사람의 기능적인 의미에 대해 분명한 의식을 가지고 있었다는 것을 증명합니다.

■ 서사시나 유사(遺史) 같은 역사에 있어서 이렇게 신화가 변환되는 경우와는 별도로 인도-유럽인 시대부터 신화적인 도식이 아니라 역사라고 주장되는 서사적인 도식이 존재했었다고 생각하는 이유가 있습니까?

그 이유 중에 하나를 들어 보겠습니다: 인도-유럽인들에게 공통적으로 해당되는 유산 속에, 각 왕조의 기원에 대해 아직도 전설적인 부분으로 자리매김될 수 있는, 일종의 왕의 계승에 대한 도식이 있었던 것처럼 보여집니다. 전형적인 첫번째 기능의 한두 명의 왕 다음에 엄밀히 말해 전사(戰士)인 왕이 그 뒤를 잇고, 이 왕 다음에는 3기능의 중요한 면을 띠거나 아니면 3기능 전체의 역할을 하는 왕이 계승됩니다. 로마의 경우는 로물루스, 누마, 툴루스, 안쿠스 순서로 계승되는 에트루리아 이전[4]에 네 왕조가 그렇습니다. 덴마크에서는, 스쿨둔가르 가문 이름의 첫 부분에 해당하는 법의 창시자인 스쿨드, 그 다음에는 토르처럼 철퇴를 휘두르는 그람, 그 다음에는 바니르 신족(神族)의 니외르드와 프레이르에 상응하는 하딩거스-프로토 부자(父子) 순서로 왕위가 계승됩니다. 아르메니아의 경우도 마찬가지입니다. 아르메니아 건국자인 하이크 부자(父子), 그 다음에는 전형적인 전사였던 아람, 그 다음에는 사랑의 감동을 자극한 아라이 르 보 부자(父子) 순서로 왕위가 이어집니다.

■ 간과할 수 없는 문제가 남아 있습니다. 어떻게 이 이데올로기와 그 실현, 특히 문학적인 실현은 새로운 장소와 새로운 시대에 적응하면서 거의 모든 평범한 '인도-유럽인'의 후손들에게 이어져 왔습니까?

실제로 이는 중대한 문제입니다. 이 문제는 나와 다른 연구가들이 오늘날 실행하고 있는 비교 연구에서 풀어야 할 문제이지만 아직 해결하지 못하고 있는 상황입니다. 어쩌면 샹주의 후배들이 이러한 보존과 적응을 가능하게 만든 지적(知的) 메커니즘을 찾아내게 될지도 모릅니다.

■ 이는 또한 쥬(Juu-), 마르트(Mart-), 보피오노(Vofiono-) 이 세 기능적인 신(神)을 모시는 이구비움 제전 행사로부터 우발도

---

4) 이 점에 관해서는 《전사의 행복과 불행 *Heur et malheur du guerrier*》의 마지막 부분, *op. cit.*, pp.14-24 참조.

(Ubaldo), 조르주(Georges), 앙투안(Antoine) 이 세 기능적인 성인(聖人)을 위한 구비오에서 행해지고 있는 세리 축제로 이르는, 2000년이라는 공백을 건너뛰는 과정에서 발생된 문제가 아니겠습니까? 그것도 아주 놀라울 정도로 아주 세세한 유산들을 들추어가면서 말입니다. 이구비움의 쥬는 '목성에서 온 난폭자'라는 뜻의 투르사 조비아라고 불리는 협력자가 있었고, 성인(聖人) 우발도는 탑 꼭대기에서 잔혹한 포위군들을 무찌르면서 도시를 구해냈습니다.[5]

예, 놀랄 정도로 내용이 거의 같습니다. 그렇다고 해서 미스터리하다고 말하지는 않겠습니다. 왜냐하면 미스터리라고 하는 이 그리스 단어를 기술적인 의미 이외의 다른 의미로 사용하는 것을 좋아하지 않기 때문입니다. 하지만 개인과 단체들이 제대로 알지도 못하면서도 이에 대해 수긍하는, 오늘날 아직까지 설명되지 못하고 있는 과정과 아주 똑같습니다.

■ 우리가 방금 말한 모든 경우들은 분명 전이(轉移)를 내포하고 있습니다. 하지만 집단의 기억 속에, 어쩔 수 없는 새로운 상황에 의해서 무(無)에서 이념적이거나 사회적인 3신(神)이 창조되고, 또 이것이 선생님께서 연구하시는 3신의 세부적인 내용과 겹쳐지게 된 것을 보게 되는 경우들은 없습니까? 내가 볼 때는 특히 중

---

5) Cf. 《인도-유럽인의 결혼 *Mariages indo-européens*》, Payot, 1979, pp.123-143, développant une suggestion de Maurizio del Ninno.

세 시대의 3계급이 그런 경우가 아닐까 생각이 드는데요.

　중세 시대의 3계급…… 장 바타니에 의해서 제기된 이 문제는 아직도 논란의 여지가 많습니다. 조르주 뒤비는 자신의 책에서 12세기 때 성직자들이 '사제-기사-농부' [6]라는 구조로 발전시키게 되는 원인은 당시의 사회적·종교적·정치적 상황들 때문이라고 명확하게 밝혀 놓았습니다. 그렇다고 해서 성직자들이 그 구조를 창안해 낸 것이 아닙니다. 뒤비 스스로도 이 구조가 벌써 9세기 때에도 존재하고 있었고, 당시의 에이몽 도세르에게서 이 근거를 찾아볼 수 있다고 지적했습니다. 에이몽 도세르라는 사람은 명성을 얻을 만큼 자격이 되지 않는데도 불구하고 갑자기 명성을 얻게 됩니다: 〈요한 묵시록〉 구절에 주석을 달고 거기에 나오는 부족(Tribu)이라는 단어를 명확히 밝혀내고자 하는 마음에서 에이몽은 이스라엘 부족들을 비교합니다. 여기서 그는 《구약성서》의 〈민수기〉 3장과 여러 다른 사회에서 사용하는 용어, 즉 그가 찾아낸 이시도르 드 세빌(Isidore de Séville)과 거의 같은 로마의 세 용어 senatores, milites, agricolae 와 당시의 기독교도 용어인 sacerdotes, milites, agricultores라는 세 용어가 잘못되었다는 것을 깨닫게 됩니다. [7]

　이 문헌에 대해서 몇몇 사람들은 그는 단지 기독교의 3계급을 위해서 이시도르 드 세빌의 로마 전통을 표절하고 희석시킨 것이라고 결론을 내렸습니다만 내가 보기에는 그보다는 이미 사전 지식을 가

---

6) 조르주 뒤비(Georges Duby), 《3계급 또는 봉건주의에 대한 상상 *Les trois ordres ou l'imaginaire du féodalisme*》, Gallimard, 1978.
7) Cf. 《아폴론 영웅담》, *op. cit.*, pp.205-248.

지고 선별해 내는 시각으로 이 세 계급을 비교한 저술임을 보여 주는 것 같습니다: 그는 책에서 얻은 지식을 가지고 성서에 나오는 부족들과 이시도르의 삼분절(三分節)이라는 두 가지 요소를 찾아내고 이미 기독교 사회에 널리 유포되어 있는 이론을 통해 세번째 요소를 알고 있었던 것입니다. 만약 이런 것들이 사실이라면 이러한 교리는 어디에서 형성되었을까요? 이미 몇몇 가설들이 나와 있습니다. 내가 보기에 가장 그럴듯한 것은 다니엘 뒤뷔송이 제기한 아일랜드-영국-샤를마뉴의 신하들-에이몽 계보가 아닌가 싶습니다. 기독교 아일랜드는 실제로 아무런 문제없이 기독교 이전 시대의 기능적인 사회 구분과, 단지 신관(神官)들이 자리를 차지하고 있던 교회를 유지했습니다. 다른 한편으로 영국은 특히 요크 도시에서는 대륙에서 건너온 사람들에 의해서보다 아일랜드 수도원과 아일랜드 신부들의 선교에 의해 교육을 받고 기독교화되었습니다. 9세기 말에 기독교도이자 학자였던 앵글로-색슨의 한 왕은 로마철학의 보에티우스에 대한 주석을 달면서 왕은 3계급에 해당하는 사람들을 주위에 거느릴 필요가 있다고 적었습니다. 그리고 샤를마뉴의 지시에 의해서 궁정학교를 개혁한 앨퀸은 요크에 가서 기독교인이 됩니다. 앵글로-색슨의 왕들과 주고받았던, 서식을 무시한 그의 편지들은 왕을 수발하는 3기능의 세 그룹이라는 개념이 그에게는 친숙했다는 것을 증명합니다. 수많은 유명한 성직자들을 길러낸 앨퀸은 결국 3기능 도식을 도입한 사람이라고 의심받기에 가장 충분한 모든 내용들을 기록해 두고, 이 내용들은 몇 년이 흐른 뒤에 에이몽에 의해서 드러나게 됩니다. 하지만 또 한번 이 문제는 논쟁의 대상이 됩니다. 조엘 그리스워드가, 야야티 인디언의 서사시 시리즈를 더욱

더 생각나게 만들고, 또 그것을 포함하고 있는 도식에 기초해서 만들어진 3기능 이데올로기에 의해 지배된, 나르본 사람들의 서사시 시리즈에 관해 행한 연구는 적어도 또 다른 계보가, 예를 들면 서(西)고트의 계보가 이 도식[8]을 도입했을지 모른다는 것을 지적하고 있습니다. 나로 말하자면 오세르인들에 해당하는 증거에 관계되는 것을 여기서 전개할 필요가 없는 여러 가지 이유들 때문에 북쪽에 있는 석학들에게 앨퀸에 관한 규명을 해달라고 계속해서 요구하고 있는 것입니다.

■ 뒤비는 중세기가 한창 진행중일 때 나타나는 이 삼분주의(三分主義)가 예를 들어 프랑스에서 혁명이 일어난 기간 동안에 나타나게 된다고 적고 있습니다.

실제로 삼분주의는 군주제의 발전과 군주제 시대가 가져온 변모와 함께 이어져 내려오고 있었습니다. 혁명 초기에 삼분주의는 제3계급인 평민층 앞에 직면한 성직자들, 제휴하는 귀족들을 보듯이 마지막으로 큰 반향을 불러일으키며 표면화됩니다.

■《전사의 행복과 불행》을 재출간하기 위해 최근에 다시 작성한 서문(序文)에서 선생님께서는 결정론(déterminisme)과 자유(liberté)에 대한 문제를 제기하셨습니다. 정신 구조에 대한 선생님의 연

---

8) 조엘 그리스워드(Joël Grisward), 《중세 서사시의 고고학 *Archéologie de l'épopée médiévale*》, *op.cit.*

구를 살펴보면, 정신 구조에 대한 설명이나 정신 구조를 통해 전달되는 주제들과는 다르게, 정신 구조라는 그 자체가 전달되고 있다는 것입니다. 그리고 동시에 이 정신 구조는 창안 정신과 새로운 것을 추구하는 능력에 의해 변모된 것으로 되어 있습니다. 선생님 생각에는 의식 변화의 부분은 무엇이며, 무의식적인 장애 부분은 어떤 것들이 있다고 보십니까?

이 문제는 크게 보아야 합니다. 이 문제는 모두가 같은 언어를 사용하는 조건하에서 각 개인들 생각의 독창성에 기인한 개인과 집단의 생각에 대한 모든 형이상학적인——아니면 미래의 물리학——부분들을 포함합니다. 이 문제는 언제 해결될까요? 아니면 단지 합리적인 방식으로 표현하는 데 그칠까요? 아니면 영원히 해결되지 않을까요? 내가 연구한 문학과 신화에서 특히 나에게 인상을 심어 준 것은 내가 단순하게 일반적인 공식처럼 표현했던 것들에 기초를 둔 놀랄 정도로 다양한 변종들이——난립과 왜곡, 변이, 반전, 핵심 이탈, 상호 영향——있다는 것입니다. 나의 지적 호기심과 정열은 일반적인 기원에 대해 규정하고자 한 것도 아니고, 또 원형에 대해서 큰 윤곽을 파악하고, 또 그것을 그려내려고 했던 정도는 아닙니다. 그 반대로 일단 모태가 되는 구조가 규정되고 나면, 거의 막연하게 예상되는 이 정점으로부터 우리에게 문헌으로 전해 내려오는 실제적인 번역에까지 다시 거슬러 올라가 보고, 또한 이 민족이 흩어져 있는 모든 지역의 범위 내에서, 이렇게 다양한 형태로 귀착되게 되는 여정을 추적하는 것입니다.

■ 결국 변화와 다양성에 관한 탐구이군요……. 선생님의 관점은 개선 능력이나 창조의 자유에 집착하기 때문에 결국은, 사람들이 그것을 믿게 되고 선생님 자신도 가끔은 결정론자라는 소리를 듣게 되는 정도의 그런 결정론자가 아니라는 말씀이군요.

그렇지 않습니다. 내 관점은 결정론적인 관점입니다. 실제로 이 점에 있어서는 레비 스트로스와 일맥상통합니다. 그는 어떤 주제이든지 변화의 무한성을 가질 수 있다고 생각하고 있고, 또한 우리가 지적으로 무장되어 있고 민족에 대한 정보가 완벽하다면 이러한 변화 전체를 예상할 수 있으며, 그리고 나서 실제로 이를 접하게 될 것이라고 생각하고 있습니다. 이것이 혈족 관계 시스템에 대해서 그가 시도하고 또한 많은 부분을 일구어 내게 된 배경입니다. 이론적인 분류에 있어서 확인되지 않은 형태가 남아 있다 하더라도 그것은 잠정적일 뿐입니다. 가까운 시일이나 아니면 먼 장래에 아프리카나 혹은 다른 지역에서라도 그것을 확인시켜 줄 무엇인가를 찾아 내게 될 것입니다. 나는 연구 재료들은, 애매모호한 유사성의 관계들을 점차적이고 체계적으로 해체하면서 연구를 하게 되면 실제로 일어났던 다양한 변천 과정을 예상할 수 있게 된다고 생각하는 쪽입니다. 하지만 창의적인 재능에 있어서 우리는 늘 불확실할 수밖에 없습니다. 자연이 우리보다 창의적인 재능이 더 많으니까 말입니다.

■ 전이(轉移)에 대해서 이야기를 하고 있기 때문에, 지금까지 우리가 제기하지 않고 있지만 반드시 짚고 넘어가야 하는 문제가

있습니다: 선생님께서 여러 장소에서 찾아내시고 그저 평범하고 진부한 모델로 여겼던 신화적이거나 서사시적인 묘사들은, 그 반대로 그리고 그저 단순히 한 사회에서 다른 한 사회로 옮겨지는 방법으로는 전달될 수 없었던 것 아닙니까? 선생님께서는 일반적으로 그러한 가능성을 배제한 것입니까?

네, 일반적으로 배제시킨 것입니다. 한 가지 예를 들어 드리겠습니다. 애꾸눈(Borgne)과 외팔이(Manchot)[9]의 적절한 협조에 관한 주제입니다. 이에 해당하는 증거는 두 개밖에 없고 그것도 어느쪽에서 어느쪽으로 전이되었는지 가늠할 수 없는 그런 상태에 있는 증거가 되겠습니다. 신화학적인 형태를 띠고 있는 스칸디나비아와 신화학적인 부분이 아니라 대개의 경우 실제로는 서사시적인, 기원에 관한 '역사'로 전환된 로마에서 이러한 전이가 발견됩니다.

사회를 위한 중대한 상황 속에서, 인간 사회를 위한 로마에서, 신성 사회를 위한 스칸디나비아에서, 극단적으로 처한 위기 상황 속에서 사회의 안녕(安寧)은 현재 사건이 일어나기 이전에 있었던 다른 사건으로 한쪽 눈을 잃어버린 애꾸와, 이번 사건으로 팔을 잃게 되는 외팔이, 이 두 인물의 지속적이고 서로 보완적인 제휴 활동을 통해서 얻어지게 됩니다. 포르세나 왕이 이끄는 에트루리아인들에 의한 정복의 시도가 행해졌던 동안에 로마는 두 번이나 구출되게 됩니다: 로마가 거의 점령되기 직전에 호라티우스 코클레스[10]는 다리

---

9) Cf. 《신화와 서사시 III》, *op. cit.*, pp.268-283.
10) 호라티우스 코클레스(Horatius Cocles): 코클레스라는 성(姓)은 그리스 신화에 나오는 외눈 거인 키클롭스(Cyclops)를 의미한다. 〔역주〕

위에 버티고 서서 무시무시한 시선으로, 일종의 아무도 감히 범접하지 못하게 만드는 타고난 재능을 통해서 적군들을 주눅 들게 만들었습니다. 하지만 로마인들은 적군의 포위와 굶주림으로부터 벗어나지 못하고 있었습니다. 이때 무시우스라고 불리는 젊은이가 등장하게 됩니다. 그는 적장을 죽이러 갈 수 있도록 원로원에 허락을 요청하였습니다. 그는 에트루리아 진영으로 잠입해서 장군의 막사까지 도달했습니다. 하지만 적장을 잘못 구분하는 바람에 왕의 부관을 죽이고 말았습니다. 그리고 나서 그는 화로 위로 팔을 뻗어서 자신의 팔을 불태우면서 다음과 같은 논지의 말을 했습니다. 모든 사람들이 나처럼 희생할 각오를 가지고 있고, 나 말고도 이 임무를 맡겠다고 하는 젊은 로마인들이 3백 명이나 된다. 나는 실패했지만 그들 중의 한 사람은 임무를 완성하게 될 것이다라고 말입니다. 적군의 왕은 이 행동에 감명받고 거의 속임수에 해당하는 이 선언의 진실성을 의심하지 않게 됩니다. 왕은 바로 평화를 체결하기로 결정합니다. 따라서 로마는 두 번에 걸쳐서 눈이 하나밖에 없는 인물의 위엄과, 적장에게 거짓말을 믿게 만들기 위해 자신 팔 중의 하나를 희생시킨 또 다른 인물의 영웅적인 행동에 의해 구출됩니다.

스칸디나비아의 경우에 애꾸와 외팔이와의 관계는 더욱 긴밀합니다. 오딘 신은 모든 지식을 얻기 위해서, 특히 마술의 힘을 얻기 위해서 샘에다가 그의 눈 하나를 저당잡혀 놓았기 때문에 애꾸눈입니다. 티르 신은 **사물**(thing)의 신이자 폭력을 정의로 가장한 사법과 정치 모임의 신인 동시에 폭력성을 감추고 있는 전쟁의 신입니다. 어느 날 신성 사회는 새끼 늑대가 태어나는 일로 인해서 죽음에 직면하게 되는 위험에 빠지게 되는데, 사람들은 이 새끼 늑대가 자라면 신들과 이 세상 모든 사람들을 잡아먹게 될지도 모른다는 두려움에 떨었습니다. 따라서 아직 시간이 있을 때 끊어지지 않는 튼튼한 줄로 이 새끼 늑대를 붙들어 매어야 할 필요가 있었던 것입니다. 이를 위해서는 두 가지 문제에 직면하게 됩니다: 튼튼한 줄을 만드는 것과 이 줄로 새끼 늑대를 묶어 놓기 위해서 게임을 하는 것처럼 새끼 늑대를 설득시키는 일입니다.

당연히 이 마술 신은 눈 하나와 바꾸어서 얻은 지혜 덕분에 이 줄을 만드는 비밀을 알고 있었습니다. 그는 난쟁이들을 시켜서 자연 속에서는 존재하지 않는 여인의 턱수염, 산(山)의 뿌리, 고양이 발자국 소리, 물고기 목소리, 그리고 새들의 침과 같은 재료들을 모아 오게 했습니다. 그렇게 해서 만들어진 이 줄은 비단실처럼 약하게 보이지만 절대로 끊어지지 않는 굉장히 강한 줄이 되었습니다. 나머지 해야 할 일은 새끼 늑대를 게임에 끌어들이는 것이었습니다. 늑대는 의심을 품고 있었기 때문에 이 게임이 자신을 곤경에 빠뜨리기 위한 술수가 아니라는 것을 보장한다는 의미에서 자기 입에 신의 손을 하나 집어넣도록 요구했습니다. 유일하게 정의와 사물의 신인 티르 신만이 희생을 감수하기로 마음먹고 자신의 팔을 새끼 늑대의 입에다 집어넣었습니다. 새끼 늑대는 자신이 속았다는 것을 알아차렸을 때 신의 팔을 물어 잘라 버렸습니다. 그렇게 해서 티르는 외팔이가 되었습니다. 이 이야기는 같은 체계로 구성되어 있습니다. 스칸디나비아 신화의 동기, 구상, 그리고 불구자들의 이야기는 로마 신화의 이야기와 중복되지만 전이(轉移)라는 가정(假定)이 배제된 완전히 다른 시나리오로 전개됩니다. 만약 이것이 생생한 세부 내용에 대한 도식보다 전이와 관계되는 것이라면 배경이 되는 부분들은 보존되었을지도 모릅니다. 여기에는 그 기이함 속에서 핵심[11]을 제외하고는 일치되는 것이 아무것도 없습니다.

■ 하지만 그렇더라도 이웃하고 있는 두 사회간에 전이가 상당히 가능한 경우들이 있습니다. 예를 들어 선생님께서는 중세 시대 동안에 아일랜드에서 갈리아로의 3계급 체제 이론에 대한 전달 과정을 제기하시지 않았습니까. 주목할 만한 다른 경우들이 있습니까?

1986년 《문학 잡지》 4월호에[12] 기고한 짧은 글에서 나는, 벤베니스트가 인도-유럽인 시대로 거슬러 올라갈 수 있다고 생각했던 세 가지 '기능적인' 의사들, 즉 주술로 고치는 의사, 약초로 고치는 의사, 칼로 고치는 의사에 관한 문제를 다시 다루었습니다. 앞에 말한 이 셋은 분명 아주 오래전에 모든 치료에서 이용되었던 것입니다. 사람들은 주술이나 외과 수술, 연고제나 물약 등으로 치료를 했습니다. 하지만 학술적으로 도표로 구성된 이론은 그리스에서, 조로아스터교 시대의 이란에서, 핀다로스[그리스 서정 시인]에서 그리고 《아베스타》[조로아스터교의 경전]에서만 인정될 뿐입니다. 따라서 그리스인들은 소아시아의 이오니아 사람들의 중개를 통해서 이란 사람들과 지속적으로 관계를 유지하고 있었기 때문에 그것이 전이에 해당되는 것인지 아닌지를 생각해 볼 수 있는 것입니다.

---

11) 《인간의 망각 *L'oubli de l'homme*》, *op. cit.*, pp.259-277에서 R. I. Page와의 논쟁을 참조.
12) 《문학 잡지 *Magazine littéraire*》, n° 229, 1986년 4월, 조르주 뒤메질 특집.

■ 하지만 그것들은 주변적인 것들이 아닙니까. 중요한 문서로 특징지어진 예는 없습니까?

없습니다. 중요한 구조 속에서 내가 아는 예는 없습니다. 일반적으로 3기능 범위 내에서 적용되는 신화나 전설의 내용들은 공통적인 의도와 메커니즘을 명확하게 유지하고 있기 때문에 전이를 생각하기에는 너무나 차이가 많이 납니다.

제 3 장

"그리스인들은
요망한 정부(情夫)들이다"

■ 선생님께서 쓰신 모든 책들을 읽어보면, 적어도 서사시에 관한 내용들을 읽어보면 줄기차게 비교하는 것으로 귀결되는 내용은 《마하바라타》이군요.

네, 하지만 《마하바라타》에서 3기능의 작용을 발견한 공로는 스티그 비칸데에게, 그리고 그에게만 돌려야 합니다.

■ 하지만 전에도 선생님께서 말씀하셨다시피 비칸데가 그것을 발견하게 된 것은 선생님께서 1938년에 밝힌 로마와 인도에서의 3기능적 관념(idéologie trifonctionelle)에 관한 내용을 연구하다가 그렇게 되었다고 하시질 않았습니까?

뭐 굳이 이야기하자면 둘이 동시에 발견했다고나 할까요. 웁살라에 있는 동양학을 하는 모든 학교에서 관심을 가지고 있던 것처럼 전쟁 전에 비칸데는, 내가 별로 관심을 가지고 있지 않았던, 문자 그대로 '바람'을 뜻하는 바유라는 신에 관심을 가지고 있었습니다. 비칸데는 이 신(神)의 전사(戰士)적인 성향에 가치를 부여했는데, 이 신은 잔인한 전사입니다. 실제로 이란에서 자신을 신이라고 표방하는 영웅들은 인도에서처럼 '곤봉으로 무장한 영웅'들입니다. 예를 들자면 《마하바라타》에 나오는 판다바의 다섯 형제들 중의 둘째인 비마가 그렇습니다. 내가 강조하고 있었던 것은 통치권의 이중적인 표현 미트라-바루나와 전사인 인드라, 그리고 '세세한 부분에서' 인간의 은인인 나사탸 쌍둥이로 구성되어 있는 베다와 베다 이전의 옛 구조의 기능적인 의미였습니다. 이 구조에서 바유는 들어 있지 않습니다.

전쟁이 끝난 후, 1938년 이후에 내가 쓴 책들이 스웨덴에 도착했을 때 비칸데는, 사람들이 비칸데 자신이 바유에게 가치를 부여한 전사의 특징을 제거하고 이 바유를 인드라 쪽에 보가즈쾨이 집단 속에 끼워놓으면서 출생 계보 속에서 판다바 다섯 형제의 이름을 얻게 되었다는 것에 곧바로 주목했습니다: 최고의 신들 가운데 영웅에 걸맞게 젊은 다르마는 최고 영웅의 아버지이고, 바유와 인드라는 각각 곤봉으로 무장한 거인인 비마와, 궁수의 영웅인 아르주나의 아버지이며, 끝으로 나사탸는 나머지 둘을 낳았는데 이 둘은 나사탸 자신들처럼 쌍둥이입니다. 그리고 그외 나머지, 판다바 5형제 모두의 아내인 한 여자에 대한 설명과 《신화와 서사시 I》에 내가 첨가한 내용들은 모두 다 여기서 나온 것입니다: 세심한 부분까지, 감히 말하자면, 아들들이 자신들의 아버지의 계보를 이어서 자식을 낳고 모든 면에서 자신들의 아버지의 역할과 성격을 그대로 따르는 것을 보여 준다는 것은 쉬웠습니다. 시를 쓰는 사람이나 작가들은 이 동족 관계를 강조하기 위해 놀랄 만한 재능을 발휘했습니다. 예를 들자면 베다 신학에서 나사탸(나사탸는 또한 아식빈(Açvin)이라고 불려지기도 하는데 다시 말해서 말(馬)을 뜻함) 쌍둥이가 행한 서비스 중의 하나는 목축을 번성시키는 것입니다. 판두의 모든 친아들이 태생적으로 크샤트리아였던 것처럼 자신들의 아들인 영웅적인 쌍둥이의 성격을 유지하는 데 어려움이 있었습니다. 하지만 시를 쓰는 작가들은 한 이야기를 상상해 냈습니다. 이 이야기에 따르면 다섯 판다바 각자는 자신들의 신분을 감추어야 했고 그 신분을 감출 수 있는 생활 방식을 떠맡아야 했습니다. 그래서 쌍둥이 중의 하나는 소치는 사람으로(더 정확히 말해서 자신들의 아버지인 신들은 의사였기 때문에 수의사 역할을 하는 사람으로) 선택되었고, 다른 하나는 말을 키우는 직업으로 선택되었습니다.

■ 다른 판다바들은요?

오직 두 전사들 비마와 아르주나는 태생적으로 사회에서 생활하는 크샤트리아입니다. 하지만 통치자인 판다바 형제들 중의 첫째인 유디슈티라는 브라만의 천성을 가지고 있었습니다. 그래서 그 또한 쌍둥이가 바이샤로 가장하고 있는 같은 상황 속에서 자기 자신의 진짜 천성에 일치하는 '위장'을 선택합니다: 그는 브라만으로 모습을 보입니다.

■ 처음부터 지금까지의 연구를 보면 인도는 선생님이 특히 좋아하는 분야 중의 하나였습니다.

아시다시피 인도와 인도 사람들은 하나의 세계입니다. 진정으로 인도를 연구하기 위해서는 다른 것은 하나도 하지 말아야 합니다.

■ 그래서 말씀드리는 것인데 비교연구가들의 계획은 비교연구가들이 면밀하게 전혀 연구할 수 없는, 한 지리적이고 이론적인 영역을 총망라한다는 것을 전제로 한다는 생각을 가끔 가져 보신 적은 없습니까? 선생님께서는 선생님께서 접근하신 이런저런 분야의 전문가가 될 수 없다는 사실을 결함이라고 느껴 보신 적은 없습니까?

나는 그것을 있는 그대로 받아들였습니다.

■ 인도에 가보신 적이 있습니까?

아니요. 터키에 있을 때 인도에 가볼까 하고 생각했었습니다. 알프레드 푸세가 알라하바드에 있는 대학에 강의 자리가 하나 비어 있다고 알려 주면서 내가 갈 수 있도록 도와 주겠다고 제안한 적이 있었습니다. 하지만 터키에 있는 것이 너무나 행복했었습니다.

■ 그렇다 하더라도 인도에 꼭 한번 가보겠다고 하는 욕심이 있었을 텐데요?

아니오, 나는 그럴 정도로 여행을 좋아하는 사람이 아니라서요.

■ 하지만 선생님께서는 끊임없이 여행을 다니시지 않았습니까.

그건 사실입니다. 내가 좋아하는 여행은 비행기로 단번에 도시나 마을에 가서 거기의 습관에 따르고 거기에 정착하는 것입니다. 당신에게 말했듯이 터키는 나의 제2의 고향과 같습니다. 그런데도 내가 터키에서 아는 곳이라곤 터키의 10여 개 주(州)에서 몇몇 장소밖에 없습니다. 하지만 내가 머무른 곳——머물렀던 곳——은 집같이 느껴졌습니다. 1972년 이후에 거기로 돌아가 본 적이 없습니다: 제2의 로마와 같은 언덕들을 올라갈 때 심장이 약해서 혼이 난 적이 있었는데, 그 언덕들과 거기에 사는 사람들이 그립습니다.

■ 하지만 인도를 완벽하게 이해하기 위해서는 인도에서 조금이라도 정착해 봤어야 했었는데라는 생각은 없었습니까?

물론이지요. 그랬다면 훨씬 나았을 텐데. 하지만 그렇게 하지 못했다고 후회하면서 시간을 보낼 수는 없는 것 아닙니까. 게다가 나와 가장 관계된 제례들과 베다 찬가가 있는 인도, 그 인도에 어떻게 내가 정착할 수 있었겠습니까?

■ 그렇다 하더라도 가지 못해서 후회했던 나라는 있습니까?

특히 중국이 그런 나라입니다. 하지만 다시 말하건대 내가 있었던 모든 나라들이 그런 나라입니다. 만약 내가 모든 것을 다시 시작한다면 내가 살고 싶고 그리고 거기서 죽고 싶은 곳은 바로 터키입니다. 더 정확히 말해서 보스포루스라는 곳입니다.

■ 긴 역사 중에서 선생님께서 특히 좋아하는 시대는 어느 시대입니까?

망설일 것도 없이 페리클레스가 있었던 시대입니다. 더 정확하게 말하자면 그 당시에 벌어졌던 상황을 특히 좋아합니다. 확실한 의식을 가지고 인간 정신에 대한 비판적인 변혁을 불러일으킨 때가 바로 그 당시이니까요. 50년 동안 모든 것에 대해서 문제를 제기하였습니다. 내가 보기엔 아직까지도 소크라테스의 논리는 잘못 정립되지 않았나 싶고, 소피스트들의 논법이나 철학 이전의 논법들도 문제가 있다고 생각합니다. 이 논리는 어떤 개념에서 다른 개념으로의 점진적 변화에 의해서 모든 것을 보여 주는 것으로 끝납니다. 하지만 이런 방법으로 생겨난 모든 것들을 생각해 볼 때 이러한 도전에 참여·참가했었으면 하고 바랐을 겁니다.

■ 하지만 바로 이 시대는 인도-유럽인의 모델에서 그리스가 완전히 작별하는 시대가 아닙니까?

교정은 그보다 훨씬 이전에 시작되었습니다: 여신들의 3기능적인 대립에도 불구하고 호메로스는 벌써 인도-유럽의 굴레에서 벗어나 있었습니다. 어쨌든 나는 내가 연구한 대상에 해당되는 어떤 누구와도 살고 싶은 마음은 추호도 없습니다. 드루이드 승려(켈트족, 갈리아족 사회에서 종교·교육·사법 기능을 담당)나 브라만 또는 원로원의 지배를 받는 사회에서는 숨조차 쉬지도 못했을 겁니다. 현재는 드루이드 승려와 브라만 그리고 원로원들을 존경합니다. 왜냐하면 그들 덕분에 내가하는 연구 자료가 세대에서 세대로 보전되어 왔기 때문입니다. 인도의 크샤트리아, 스파르타의 도리아 사람들, 그리고 바이킹들로 말하자면 그들의 피와 전리품에 굶주린 약탈은, 1918년 전투에서 내가 몸담고 있었던 군대와는 전혀 딴판이었습니다. 신의 본질에 대해 키케로와 토론했을지도 모르는 행복을 가질 수 있을지 모르지만 로물루스의 후손들과는 편치 않았을 겁니다.

■ 인도-유럽인들을 많이 좋아하지 않았던 것 같습니다.

멀찌감치 떨어져서, 내가 쓴 책들 속에서 그들을 좋아했습니다.

■ 그리스 문제로 다시 되돌아옵시다. 그리스인은 선생님의 연구에 있어서 별도의 역할을 했습니다. 선생님께서는 무엇보다도 그리스 신화를 모든 인도-유럽인의 비교에 있어서 절대적으로 필요한 사항 중의 하나라고 말씀하셨습니다. 하지만 1938년 이후에 선생님의 연구에는 그리스 신화가 더 이상 거의 나오지 않고 있습니다.

그리스의 3기능에 대해 감지된 것은 1938년 이후입니다. 상당히 늦은 편입니다. 하지만 내 책임이라기보다는 먼저 프랑시스 비앙,

그 다음 아추히도 요시다와 베르나르 세르장, 그리고 그들이 행한 연구가 벌써 상당한 수준에 있었기 때문입니다. 나는 그들이 하는 연구에 기여하려고 노력했습니다.

■ 그 말이 의미하는 것은 그러면 그리스에서 3기능이 있었다는 것을 간파할 수 있었다는 이야기인데 선생님께서는 무엇 때문에 그리스에 관한 것을 따로 제쳐두었습니까?

그것을 간과하거나 따로 제쳐둔 적은 없었습니다. 그것보다는 유보하고 있었던 것입니다. 나는 더 긴급하고 더 장래성이 있는 다른 연구에 몰두해야 했으니까요. 그리고 그리스에 대한 참조의 남용은 1938년 이전에 내 연구를 너무 자주 다른 방향으로 벗어나게 하기 때문에 아주 조심스러워지지 않을 수 없었습니다. 내 후배들이 그것을 연구한 것이 다행스럽게 생각됩니다. 나는 《주피터, 마르스, 퀴리누스》를 끝낼 즈음인 1941년에 그리스인들조차도 기능과 역할로서 규정하고 있는 이오니아 부족에 관해 몇 마디를 하는 것이 고작이었습니다. 부실하기 짝이 없는 이러한 기능과 역할에 따른 규정은 도시 국가의 생활에 있어서 아무런 가치가 없습니다. 예를 들면 아테네조차도 지배를 당한 것이 아니라 세 명의 중심적인 아르콘(집정관)에 의해 일종의 통치를 받은 것입니다.

제 4 장
―――
퀴리누스와 무리들

■ 선생님께서는 1938년 이후에 수많은 책을 쓰셨습니다. 어떤 책들은 1, 2, 3기능 전체에 관한 것이고, 어떤 책들은 1기능인 통치권의 기능, 특히 미트라-바루나에 관해서만 다루었으며, 또 다른 책들은 2기능으로서 내가 생각하기에는 특히 《전사의 행복과 불행》에 관해 다루었습니다. 하지만 번영과 다산을 다룬 3기능에 관해 전체적으로 쓰거나 총합을 한 책들은 한 권도 없습니다. 그 이유는 무엇입니까?

그것은 이 3기능이 실제로 개인과 가족과 사회의 물질적인 번영이라는 개념에 집중되어 있기 때문입니다: 이 기능은, 번영이 수많은 요소들을 포함하고 있는 것만큼 여러 가지 면이 있고, 이 요소들은 자체가 조건들과 결과를 이끌어 내기 때문입니다. 이러한 상황 속에서 실행되는 이 기능은 1, 2기능의 상황들처럼 추상적이지도 않고 단순하지도 않습니다: 번영은 지형이나 기후 등과 같은 것들이 영향을 끼치는 경제 생활과 관계가 있습니다. 3기능이 관찰자에게 단일 구조를 제안하지 않는다는 것은 이것으로부터 기인된 것입니다. 하지만 각 부분의 분할된 단위와 조각들은 전체에 대한 연구에서 출발점으로 선택될 수 있다고 봅니다.

인간의 생식 능력에 중심을 둔 예를 들어 봅시다: 인간의 생식 능력은 여러 명의 자식을 낳는 것을 의미합니다. 이는 1기능과 2기능의 전문가들이 말하는 사람들의 숫자보다 훨씬 더 많은 '수많은 인구,' 즉 사람들의 무리를 만들어 냅니다. 이러한 출생은 고유한 성적 조건과 치장, 예를 들어 아름다움이나 사랑(실제로 출생률과 반대되는 일탈 현상과 함께 가니메데스를 생각합니다)과 함께 성적 본능에 기초한 것입니다. 출생은 또한 파괴를 하는 전쟁과 반대되는 평화가 뒷받침되어야 합니다. 그리고 평화와 안녕과 그리고 무엇보다 규칙적인 생활필수품의 보급, 다시 말해서 시대와 장소에 따른 농업과 목축이 뒷받침되어야 합니다. 그리고 평화, 즉 부와 미덕과 악덕과 함께 안녕으로 기인된 것이 뒷받침되어야 합니다: 끝으로 이러한 출생은 개인과 사회가 자신들의 공동체 안에서, 즉 건강을 유지하고 의학을 발전시키는 경우를 제외하고는 의미가 없습니다.

그리고 이러한 예들은 전부 열거한 것이 아닙니다. 그래서 확인을 한번 해보세요. 출산율 대신에 출발점으로 가령 평화를 들어 봅시다. 내가 열거한 내용들이 첫번째나 두번째 단계에서 조건이나 아니면 결과로 전부 나올 겁니다. 신에 관한 문제가 되었을 때 3기능에 해당되는 신들은 국가의 세세한 문제들뿐만 아니라 인간 사회와도 더욱 긴밀하고 더욱 친밀한 접촉을 초래하는 것입니다. 다양한 형태로 이 인간 사회에서 신들이 신들의 사회에서 가졌던 자신들의 위치를 유지하면서 인간들과 함께 공생할 수 있을 정도의 친숙함이 있다는 것을 추가해야 합니다. 우리는 '뒤범벅'인 3기능에 관해 이야기를 했습니다. 만약 내가 지금까지 열거한 내용들과 그것이 신의 성스러움이나 순수한 능력과 권능을 제거한 것이 아님을 이해한다면 본질 속에서조차도 서로 연관성이 없는 원인과 결과라는 서로 이질적인 집합이 왜 구성되지 않겠습니까.

■ 초기 3신 중의 세번째 신인, 인터뷰 초기부터 지금까지 여러 번에 걸쳐서 이야기해 온 로마의 퀴리누스를 이 '집합'이라는 개념으로 설명해 주시겠습니까? 선생님의 경쟁자인 로마 역사가(歷史家) 피가니올이 뒤범벅을 이야기한 것이 바로 퀴리누스에 관한 것이 아닙니까?

실제로 퀴리누스는 마르스나 주피터처럼 단순한 단위를 가지고 있지 않습니다.[1] 그렇다 하더라도 그를 정의하는 모든 요소들은 내가 방금 당신에게 들려 준 조각난 단위 속에 있는 것임을 확인할 수 있을 것입니다. 그리고 동시에 이 복잡한 단위의 모든 조각들은, 리베르-리베라 커플이 보장하는 성 본능을 제외하고, 육아와 치료를 제외하고는, 그 본질이나 사제의 기능에 담겨 있다는 것을 확인할 수 있을 것입니다. 로마인들이 단순히 결속력이나 요소들의 상관관계를 강조한 것이 아니고 단지 그것들을 보존하는 데 그쳤을 뿐입니다. 집단의 신의 이름인 코-위리노(*co-uirīno-)는 쿠리에(curiae)

---

1) 《고대 로마 종교》, *op. cit*., pp.153-290.

들에 신을 결부시킨 것이고, 그의 전설은 로마 사회 속에 사비니인들이 유입되는 제도와 관계가 있으며, 그 자체도 몇몇 고고학자들에 의해 마르스 사에뷔스(게다가 평화시에는 시민이던 퀴리스들은 전쟁이 발발할 시 전사로 전환됩니다)에 반대되는 평화를 관장하는 '마르스 사비니'로 간주된 것입니다. 그의 고유한 제관(祭官)은 곡물과 관계되는 행사에만 개입하고, 3신의 변동이 있을 때 풍요의 신인 오프스(Ops)[2]나 비너스, 그리고 가장 오래전에 전차 경기[3]에서 플로라에게 그 3신의 자리를 내어줍니다.

인간들 속에서 오로지 살아남을 수 있는 신들 중에 로물루스만이 신격화되었고, 그는 저승에 가서도 인간들을 보호하는 역할을 계속합니다. 죽음과 신격화에 관계되는 전통 중에 혼돈이 이런 관점에서 교훈적인 것입니다: 집회가 개최되는 동안에, 어떤 이들에 의하면 그는 두껍게 내리깔린 안개를 틈타서 하늘에서 데려갔다고 하고, 또 다른 어떤 이들에 의하면 그는 원로원들에 의해 살해당하고 몸은 갈기갈기 찢긴 채 그 조각들은 다른 여러 장소에 분산되서 내걸려졌다고들 하는데 이것은 전 세계에 널리 퍼져 있는 농경 문화 제식의 한 형태입니다. 그리고 나서 그는 사람들의 눈에 쥘(Jules)인들의 조상으로 나타나고 퀴리누스라는 새로운 이름을 가지게 될 것입니다. 로마 종교 역사가들은 늘 그랬던 것처럼 여기서 연대기로 인해서 나타나는 모순과 복잡함을 설명하는 데 익숙해져 있습니다: 그것은 다양한 시대 관계나 다양한 환경 관계들입니다; 전쟁과 평

---

2) 《로마 사상 *Idées romains*》, Gallimard, 1969(2e édition. 1980), pp.289-304.
3) 《로마에서 인도-유럽의 제식 *Rituels indo-européens à Rome*》, Klincksieck, 1954, pp. 44-61.

화라는 반대 개념은 나중에서야 생겨난 것이고 사람들은 매해 퀴리누스 군대가 무기에 기름칠을 한다는 사실에 대한 내 의견에 대해 이의를 제기합니다: 이것이 군대가 있었다는 증거가 되는 것이 아니겠습니까? 분명히 그렇습니다. 하지만 이 군대는 이런 경우에 해당되는 제식에서만 눈에 띌 뿐이고, 그리고 무기에 기름칠을 한다는 것은 나중에 사용하기 위해서 보관하고 현재는 사용하지 않기 때문에 무기를 내려놓았을 뿐이라는 것을 의미합니다. 퀴리누스와 로물루스의 유사성은 나중에 원인이 될 수도 있습니다. 왜냐하면 그리스의 영향을 받기 전에 로마인들은 그러한 생각을 품고 있지 않았기 때문입니다. 어떻게 확인해 보겠습니까? 이승과 속세 사이의 애매함, 이승과 속세와의 순환 관계에 대해 정상적인 해답을 얻고자 하는 부분이 바로 3기능에 관한 인물에 관한 이 경우 그리고 이 경우에만 해당하는 것입니다.

 그외의 인도-유럽인들은 할 말이 따로 있을 것입니다. 수많은 라틴학자들이 선천적인 것으로 신에 대한 정의조차 내리는 것을 거부하고 있는 이 요소들의 결합은 스칸디나비아에서 구(舊)웁살라의 제단 위에 3기능의 대표자인 퀴리누스에 상응하는 프레이르 신의 특징 속에서 찾아볼 수 있습니다. 퀴리누스처럼 약간 그 성격이 다른 것들 중에 하나인 흔히 말하는 사비니 사람들은 위대한 바네스 중의 하나인 프레이르와 3기능에 해당하는 사비니 구성원들로 채워진 사회 속으로 '가입' 되었고, 그의 아버지인 니외르드와 함께 완성된 신성 사회를 형성하기 위해 아세스인들과 연합하러 옵니다. 프레이르는 최고의 통치자일 뿐만 아니라 민중으로서 신성 국민의 수장입니다. 랩인들은 베랄덴 올마이(Veralden Olmay)라는 이름하에 '세상 사람들의 세대의 신' 인 베랄다르 고드(veraldar godh)라는 북유럽 인의 자격이라는 언어 표기법을 차용했습니다. 그리고 실제로 발드 르(Baldr)의 장례에서 맨 앞에 서서 전원이 모인――망자의 아버지 들을 제외하고――신성 국민 행렬을 인도하는 것은 그입니다. 구 (舊)웁살라에서 그의 우상은 거대한 성기(性器)로 구분이 됩니다. 그 의 통치하에서, 신들이 계승되는 왕들처럼 표현되는 역사성이 부여 된 약간의 차이점 속에서 국가는 상당한 수확을 일구어 내고, 이러 한 번영은 평화에서 기인된 것입니다. 너무나 완벽하고 너무나 지 속적이라 이 번영은 '프레이르의 평화' 라고――아니면 또 다른 그 들 이름 중의 하나를 따서 '프로디(Frodhi)의 평화' ――하는 속담식 의 이야기로 남아 있는 것입니다. 끝으로 '하늘-땅' 이라는――다 른 신들과 같은 자격의 신들의 세계에 체류하고, 인간들의 세계에 체류하며, 육체적으로는 땅에 붙어 있는――애매함은 또한 역사성 이 부여된 약간의 차이점 내에서 종말이라는 시나리오로 표현된 것 입니다: 스웨덴의 귀족들은 우선 그가 죽었다는 것을 국민들한테 숨기고 소금으로 철저하게 절인 시체를 밀폐된 마차 속에 싣고 전 국을 돌아다닙니다; 그 다음 소금에도 불구하고 살갗이 부패해서 떨 어져 나갈 때 그들은 시체를 태우지도 않고 매장합니다. 신화에서 이 모든 것은 시신이 이승에서, 아세스인들의 울타리 속에서 사는 것을, 거기서 역할을 하는 것을 방해하는 것이 아닙니다.[4] 그래서 단 지 그의 거대한 남근보다 훨씬 생동감 있는 평가와 함께 프레이르 는 퀴리누스와 같은 양상의 퍼즐을 보여 줍니다. 동시에 어떻게 그

―――――――――

4) 《독일의 신들 *Les dieux des Germains*》, *op. cit.*, pp.117-119.

런 자료들이 구조화보다는 오히려 아주 질적인 것들의 나열에 재료
를 제공하는지 당신은 알게 되는 것입니다.

제 5 장

좋은 의미의 올바른 사용에 관하여

■ 오늘날 선생님께서 하시는 연구에 대해서 선생님 자신은 어떻게 규정하십니까? 콜레주 드 프랑스에서 하신 첫 강의에서 선생님께서는 '울트라 역사'에 대해서 말씀하셨습니다.

내가 선사 시대를 연구한다고 말할 수는 없습니다: 선사 시대의 깊이를 따지자면 수만 년, 수십만 년에 이르는데다가 내가 하는 연구라는 것은 이미 초기 문서 자료들을 통해서 밝혀진 선사 시대에 대한 빙산의 일각에 해당하는 것만을 다루고 있을 뿐입니다.

■ 하지만 선생님께서 '울트라 역사'를 연구하신다고 말씀하시는 것은 역으로 역사가의 영역에 발을 들여놓은 것이 아닙니까?

나는 역사가로서 인정되기를 바랍니다. 하지만 역사가들은 나를 쉽사리 역사가로 인정하려 들지 않습니다. 이런 이유로 해서 나는 스스로 비교학자로 규정하고 있는 것입니다. 적어도 이런 직함에 대해서는, 면허를 받아야 하는 것이 아니라면 아무도 나의 이 직함에 대해서 반박할 수 없습니다.

하지만 한 가지 짚고 넘어갑시다: 내가 '울트라 역사'라고 부르는 것은 인도-유럽어족과 관계된다는 것을 말입니다. 그리고 역사가들이 비교를 한다든가 또 그렇게 하려고 하지도 않기 때문에 이는 정당한 것입니다. 이들과의 갈등이 시작된 것은 그 다음의 문제이고, 로마나 스칸디나비아 등과 같이 각 특수 분야의 가장 오래된 역사 때문에 그런 것입니다: 예를 들면 사비니 전쟁, 에트루리아 이전 시대의 4대 왕조, 포르세나 전쟁에 대해서 역사 작가들이 이야기하고 있는 것들은 이 이야기들을 모두 역사인 것처럼 묘사하면서도 로마 시대 이전의 신화적인 묘사들을 간직하고 있다는 것과 오로지 비교를 통해서만 이런 내용들을 이해할 수 있다는 것을 내가 제시하려고 하니까 갈등이 시작된 것입니다. 물론 역사가들 중에는 사실(事實)이 전설로 과장되고 윤색되었다는 것을 인정하는 역사가들도 있습니다. 나는 한 걸음 더 나가서 이런 전설들은 일관성이 있고 인도-유럽어족에 해당하는 다른 민족들의 신들의 신화에 견줄 만한 로마의 '인간 신화'를 구성하고 있다는 것을 보여 주었습니다: 툴루스 호스틸리우스 왕조에 대한 이야기들은 정신적인 면에서나 맥락에서(로마의 세번째 호라티우스와의 싸움에서 패배한 세 명의 쿠리아티우스, 알바누스인 배신자 폭군이 내린 끔찍한 형벌) 볼 때 인드라의 신화적인 요소와(트리타(세번째라는 뜻)와의 싸움에서 패한 머리가 3개가 달린, 배신자 나무치(Namuci)의 끔찍한 형벌) 일맥상통합니다. 그리고 이는 더 확대됩니다: 오로라의 여신인 마테 마투타(**Mater**

Matuta)의 숭배자 카밀루스의 역사는 제례 의식의 결과로 생겨난 그 대로, 《리그베다》[1]에 나오는 오로라 신화에 의해 스스로 빛을 발하는 이 여신의 신화에 기초해서 세워졌습니다. 이것이 바로 고인이 된 피가니올이나 현재의 모미글리아노와 같은 로마 역사가들로부터 조롱을 받게 되거나 그들을 화나게 했던 내용들입니다.

■ 그렇다면 고대 역사에 대해서 우리가 말했던 모든 것들이 선생님 말에 의하면, 역사로 가장한 신화라고 한다면 초창기 로마 시대에 있어서 사실적인 부분은 무엇이란 말입니까?

그것은 아마도 맨 처음 라틴 민족과 에트루리아 민족과 같은 주변 국가와의 실질적인 갈등에 대한 어렴풋한 이미지, 고고학자들에 의해 확인된 '타르퀸'과 같은 외국인들에게 점령당했던 기간, 기억(카피톨리움 종교 의식과 그에 대한 속세인들의 반항)에 대해 고착된 사고 방식을 주입하는 종교 제도와 연관된 전통들, 북쪽에서 내려온 갈리아족 무리들의 한 번이나 아니면 그 이상 되는 노략질, 귀족 계급과 평민들 간의 오랜 갈등 등일 것입니다. 이 모든 것들은 아주 오래전부터 기원전 4세기까지 진행되었던 것입니다. 이것이 바로 내가 보잘것없는 인간들과 그물을 사용하는 검투사처럼 경기를 펼쳤던 논쟁의 경기장입니다. 가끔은 살인적이었고, 그리고 특히 원한적이었으며, 게다가 나한테는 뭐든지 해도 좋다고 믿는 증오감이 있었습니다.

---

1) 《신화와 서사시 III》, *op. cit.*, pp.93-199.

■ 결국 우리가 이미 다루었던 문제들로 다시 귀결되는군요. 선생님께서는 사실(事實)보다는 정신적인 구조를 더 밝혀내셨습니다.

그렇습니다. 인도-유럽어족에 대한 비교가 역사학자들이나 적어도 전통적인 이야기들 속에 픽션이 광범위하게 차지하고 있다는 사실을 이성적으로 받아들이는 사람들에게 기여한 공로는 그렇게 작은 것이 아닙니다: 이 인도-유럽어족에 대한 비교는 그들에게 로마시대 이전의 기원과 조화와 그리고 이 픽션의 대부분에 대한 근본적인 의미를 보여 준 것입니다.

*

■ 선생님의 연구 방법에 대해 살펴보기로 하겠습니다. 선생님께서는 어떻게 연구를 하는지 말씀해 주시겠습니까?

나는 문헌과 사실(事實)들에 대하여 비교를 합니다. 따라서 문헌과 사실들의 내용과 구성들에 대해 그것들이 비교할 만한 것들인지를 살펴봅니다.

■ 그렇다면 실제로는 선생님의 연구 자료들은 고전 문서나 원전에 있어서 상당히 제한될 것이라고 봅니다.

요컨대 내가 어떤 연구를 한다 할지라도 주로 참조하는 자료들은 일정합니다: 투스 리비우스, 플루타르코스, 오비디우스의 사서(史

書), 《리그베다》《마하바라타》《에다》 정도입니다. 내 짐가방에 들어 있는 책은 1백 권에 육박할 것이라고 내가 언젠가 말한 적이 있습니다. 하지만 그것은 과장된 이야기이고 실제로는 열 권 안팎에 불과합니다.

■ 이 문헌들을 어떻게 이용하십니까? 선생님의 유일한 연구 방법은 시행착오라고 종종 말씀하셨는데요.

예, 나의 연구 방법은 시행착오입니다. 다시 말해서 가장 개연성이 있는 가설을 세우고 실마리를 추적하고 다시 분기점으로 돌아와서 다른 방법으로 시도해 보고……. 그 예로서 《마하바라타》의 영웅적인 인물을 들 수 있습니다. 나는 콜레주 드 프랑스에서 이 인물에 대한 강의를 여러 번 했습니다. 하지만 각 영웅들의 배열을 완성하기 전까지는, 다시 말해서 《신화와 서사시 I》에 나오는 신들과 영웅들 간에 균형을 맞춘 도표를 완성하기 전까지는 얼마나 많이 주저하고 수정했는지 모릅니다.

■ 방금 전에 다채로운 세번째 기능에 관해서 말씀하실 때 그것은 '퍼즐'이라고 하셨습니다. 이 '퍼즐'이라는 단어는 선생님께서 하신 연구 전체에 적용되는 것은 아닙니까?

어떤 의미에서는 그렇습니다. 하지만 이 퍼즐이라 하는 것은 이리저리 비교를 해서 모양을 완성시키기는, 그래서 아주 세세하게 작업해야 하는 퍼즐을 말합니다. 내가 '세세한' 것이라고 말한 이유는, 과감하게 나의 연구 업적이라고 말하는 각각의 내용들이 간단하고 명료할 뿐만 아니라, 그 내용 자체나 또는 그와 비슷한 유형에 대해서도 더욱더 폭넓은 고찰의 단초를 제공해 주기 때문입니다. 나는 오로라의 여신인 마테 마투타를 위한 로마 축제에서 행해지는 기이한 제식을 생각합니다: 로마의 여인들은 미리 신전에 들어와 있던 노예를 요술 방망이로 내쫓습니다; 그리고 그 여인들이 자신들의 품안에 품고 여신들에게 권하는 것은 자신들의 아이들이 아니라 조카입니다. 이 두 장면을 어떻게 부합시켜야 할까요? 그들이 모인 기본 원칙은 무엇일까요? 오로라의 여신인 우사스(Uṣas)에 대한 베다의 이미지들은 다음과 같은 결론을 시사합니다: 오로라의 여신인 우사스는 먼저 하늘에서, 악마처럼 간주되는 암흑을 쫓아냅니다. 그리고 나서 두번째 엄마처럼 자신의 여동생으로부터 시작된 아이인 아름다운 밤을 받아들이거나 더 정확히 말해서 아름다운 밤으로 끝을 맺습니다.

■ 《유녀(遊女)와 유색의 영주들》[2]의 서문에서 선생님께서는 데카르트의 법칙을 선생님 연구 방법의 원칙처럼 제시했습니다.

궁극적으로 데카르트의 법칙들은 올바른 의미를 추구하기 위한 방법일 뿐입니다. 하지만 그것은 올바른 의미를 추구하기 위한 올바르지 않은 용도가 될 수도 있습니다. 언젠가 나는 재미로 네 가지 법칙에 대한 패러디를 만들어 본 적이 있습니다. 내 머릿속에 기억

---

2) 《유녀(遊女)와 유색의 영주들》, *op. cit.*, pp.9 et 10.

나는 것은 하나밖에 없었지만 그것은 우리들이 연구하는 데 있어서 수많은 잘못된 고찰들의 기원이 되었음을 잘 보여 줍니다. 나는 "각각의 난제들을 가장 잘 해결할 수 있도록 필요한 만큼 작은 조각으로 나누어라"라는 문장을 "난제들을 더 이상 보이지 않을 때까지 나누어라"라는 문장으로 바꾸었습니다: 포르세나와의 전쟁에서 로마는 멀리서도 적을 발견할 수 있는 애꾸와 자신의 거짓말을 믿게 만들기 위해 자신의 손을 불에 지진 영웅에 의해 구출되었습니다. 스칸디나비아 신족(神族)도, 돈독한 신의(信義) 관계라는 방법을 이용한 애꾸눈 신(神)과, 늑대를 묶고자 하는 계략으로 이에 의구심을 품고 있는 늑대를 속이기 위해 그렇지 않다는 것을 증명한다는 담보로 자신의 팔을 늑대의 입에 집어넣은 티르신(神)과의 협조로 구조되었습니다. 수많은 신화와 전설에는 눈이 하나밖에 없는 인물들이 있고 애꾸들에게 이러한 핸디캡마저도 힘의 원천이 된다고 하는 이러한 연관성에 대해 사람들은 반박해 왔습니다: 그렇다면 코클레스를 다른 애꾸와 연관시키지 않고 왜 오딘[북유럽 신화에 나오는 지식·문화·시가·전쟁의 최고신(神)]과 연관시킵니까? 게다가 대체로 설화나 전설에서는 손이 하나밖에 없는 불구자들이 대부분 나옵니다. 왜 티르와 스카이볼라를 구별합니까? 이 두 경우에 있어서 특수한 연관성은 두 인물간의 유대 관계입니다: 그들은 짝을 이루고 있는 것입니다. 인도-유럽인들의 세계나 아니면 다른 세계에서 상응하는 것을 찾아야 하는 것은 각자에게 부여된 용어가 아니라 그들이 이루고 있는 커플과 커플의 공통적인 업적인 것입니다. 잘못 적용된 데카르트의 두번째 법칙은 구조라는 핵심을 쉽사리 은폐시킵니다.

■ 선생님께서는 또한 평생 연구하는 동안에 마주치는 각 문제들을 처음으로 마주치는 문제처럼 항상 새로운 시각으로 다루어야 한다고 말씀하셨습니다.

물론 비교에 있어서 과거의 연구라든가 그 이후에 성공이나 실패들을 잊자고 하는 것은 아닙니다. 하지만 옛것에 대한 새로운 분석들을 본떠서는 안 됩니다. 옛 분석들의 도움은 머릿속에 스스로 떠오르는——시행착오들——결과들 속에서의 단지 그럴듯하고 피상적인 인지로 이끌어 내고 섬세하게 만듭니다. 각각의 특수한 새로운 문제 속에서 이미 얻어낸 경험을 암시하는 것들을 참조에서 다른 해석까지 뒷받침할 만큼 충분히 견고한 근거를 찾아야 합니다. 재치와 솔직함이 필요한 작업입니다.

■ 이상하군요. 선생님께서는 스스로를 기본적으로 비교학자인데다 선생님께서 생각하시는 이상적인 방법은 현재 모든 것을 문헌과 '동떨어져 있는' 자료들인 것 같은데, 결국 비교는 확인 장치일 뿐이군요.

결론에 대한 확인 장치입니다. 하지만 무엇보다도 가설들 가운데에서의 확인 장치입니다. 오로라의 로마 여신인 마테 마투타의 예를 다시 들어 봅시다(나는 늘 같은 예를 듭니다. 왜냐하면 그 어떤 예도 이미 알려져 있는 소재에 관하여 여러 차례 걸쳐서 밝혀진 것보다 나은 것은 없기 때문입니다). 우리가 베다의 신화를 알지 못하고 있다고 가정해 봅시다. 이 여신에 대해서, 오비디우스와 플루타르코스를 통해서, 그 축제에서 행해지는 이상야릇한 제식밖에는 모릅니다. 이 제식은 로마인들이나 특히 로마 여인들을 십중팔구는 그들을 이해하지 않고 어김없이 처단해 버리고, 당대의 석학들은 유행에 따라서 그리스 우화들과 함께 그럴듯하게 비슷한 것으로 이 제식들을 설명하려고 시도합니다. 다시 한번 이야기하지만 이 제식은 그들 스스로가 신전으로 끌어들인 여자 노예를 잔인하게 쫓아냅니다. 그리고 나서 그녀들은 자신들의 여동생의 아이들을 애지중지하면서 여신에게 천거합니다. 불우한 로즈에서 위대한 프레이저까지 일반적인 이론이나 강요된 유추로부터 얼마나 우스꽝스러운 해석들을 창안해 내었던지! 그런데도 한편으로는 그것이 오로라 여신에 관계되는 것임을 알면서 사람들은 직접적으로 제식 행위에서 그들이 무엇보다도 표현했던 신화적인 묘사들을 추론해 낼 수 있었습니다: 오로라 여신은 무엇을 쫓아냈는가? 그것은 암흑이었습니다. 첫째 누나인 '밤' 의 아들 태양이 아니라면 오로라 여신은 누이의 어떤 아들을 잉태할 수 있나요? 바로 이것입니다. 그리고 이를 증명하기 위해서는 인도의 경우를 살펴보는 것으로 충분합니다: 《리그베다》 경전은 제식에 대해서 묘사하고 있지는 않지만 신화들을 제시합니다. 그리고 여기서 오로라 여신은 마귀로 여겨지는 암흑을 물리칩니다. 그리고 밤(夜)의 누이는 오로라와 함께 태양에 대한 모성애를 함께 나눕니다. 그렇게 묘사된 비교는 확인이 됩니다. 그리고 무엇보다도 비교가 실제로 나의 연구 방향을 유도했다고 당신은 생각할 것입니다: 나는 베다의 찬가들은 자체적으로나 아니면 밤과 오로라라는 자매인 두 어머니에게서 이 유용한 빛이 많은 부분을 차지하고 있는 데 반해 로마에서는 태양에 대한 근심이 거의 없다는 것을 보고 적잖이 놀랐습니다. 따라서 나는 가까이서 로마의 달력에서 하루를 보았다고 생각한 것입니다. 거기에 보면 태양 자체가 없기 때문에 오로라는 예우를 받는 것입니다. 이러한 초기 설정과 이러한 최종적인 확인 사이에 악순환은 없습니다: 이는 두 단계로 지속적으로 행해지고 있는 작업인 것입니다. 달리 말하자면 나의 연구는 비교에서 직접적인 분석으로, 그리고 직접적인 분석에서 비교로 행해지는 끊임없는 과정에 의해서 이루어집니다.

그렇지만 나는 영락없는 비교학자일 뿐입니다.

■ 지금까지 하신 선생님의 말씀을 듣다 보면 선생님 연구의 대부분은 영감에 의한 것이라고 보여집니다.

영감보다는 주의력에 의한 것이고, 다시 말씀드리지만 좋은 의미에서의 주의력입니다.

■ 그리고 공상과 상상력에 의해서겠죠?

첫눈에 유사하다고 보여지는 것은 공상이나 어쩌면 망상일지 모릅니다. 처음에는 상상력이 이끄는 대로 자신을 내맡겨야 합니다. 그리고 나서 그 상상력을 멈추고 그 상상력을 잘 다듬거나 아니면 지워 버립니다. 당신은 내가 발표한 연구에 대해서만 질문했지만 내가 출판하지 않았던 것에 대해서도 전부 이야기가 되어야 할 것입니다. 비교를 하기 위한 개요를 만드는 데 1개월 내지 2개월이라는 시간이 소요될 수 있고, 그러다가 결국에는 자료 상태로 남겨질 수 있습니다. 더 이상 다시 취급할 연구는 아니지만 부분적으로 인용하는 데 쓰일 만한 그런 자료로 말입니다. 《불멸의 향연》에 이용되었던 초창기의 자료들도 그랬어야만 되지 않았나 싶습니다. 나중에 별로 도움이 되지 않는다 하더라도 연관성이 있다고 감이 들었던 것이라든가 논거의 실마리라든가 하는 그 자체로 묻어 두어야 합니다. 몸은 자고 있더라도 무의식은 꿈틀대고 있는 것처럼 이런 것들이 숙성하도록 말입니다.

■ 말하자면 선생님의 머릿속에서 선생님의 의도와는 상관없이 형성되는 잠재 의식이 선생님의 방법(méthode)에 해당된다는 말이군요. 선생님께서는 방법이라는 단어를 좋아하지 않는다는 것은 압니다만 그렇다고 할지라도…….

연구 결과를 발표하는 데 있어서 부분적으로 미사여구를 동원하는 방법이 있습니다. 그러나 탐구나 탐구 방법에 있어서도 이러한 방법이 있는지는 확실히 모르겠습니다. 나는 그라네가 자기 맘대로 전치사를 바꾸어 즐겨 썼던 문장을 종종 머릿속에 떠올립니다. 그는 "방법이란 사람들이 지나다닌 '후에' 생겨난 길과 같은 것이다"라고 말했습니다.

■ 선생님께서는 적어도 처음에는 선생님의 연구 방향이 어느 방향으로 진행될 것이라고 예상하실 것 아닙니까?

원칙적으로, 대체로 그렇습니다. 하지만 초기 단계이건 진행 과정이건 간에 우연이라는 예상치 못한 동반자가 나타난다는 사실을 고려해야 합니다. 연구가의 성공 조건 중의 하나는 예상 밖에 일어난 상황을 이용할 줄 알아야 한다는 것입니다. 나는 터키로 장기 체류하러 떠나기 전에 파리에서 《아르메니아 연구지》에 아르메니아의 대중적인 제식에 사용되는 두 종류의 꽃에 관한 문제를 다룬 글을 실었습니다. 이 꽃들은 행복을 상징하는 꽃으로 하로와 모로라고 불리는 꽃입니다: 물론 이 꽃들의 이름은 조로아스터교 신화에서 따온 것들입니다. 이 신화에 보면 '건강'과 '영구장생'을 뜻하는 하우르바타트와 아메레타라는 두 대천사(大天使)는 물과 식물을 주관합니다. 결국 인도의 베다교도들이 아직도 3기능의 여신으로 추앙하고 있고 현재도 나사탸라는 이름으로 숭배하고 있는 이 두 대천사가 조로아스터교의 대천사로 전환된 것이라고 생각했던 내가 옳았던 것입니다. 하지만 《아베스타》에서 이 두 대천사는 신화가 아닙니다. 따라서 수많은 베다의 나사탸 신화로 이러한 주제에 대해 이야기되는 모험에 직면하면서 일반적인 방법으로는 내가 주장한 해석을 증명할 수 없었습니다. 이런 상황에서 어느 날 나는 예의상 친한 동료의 강의에 참석했습니다. 이 사람은 내가 당시 소속되어 있는 이스탄불대학교의 신학 학부의 교수였습니다. 그의 전공은 코란 주석 연구였습니다. 그날 그는 아뤼트(Hârût)와 마뤼트(Mârût)라고 불리고 내가 전에 들어 본 적도 없는 이 두 이슬람교의 천사들에 ——경솔하고 타락한—— 관한 전설을 강의했습니다. 그는 강의 중간에 호의로 나에게 전설 내용에 대해 간략하게 프랑스어로 요약해 주었습니다. 나는 너무나 감사해서 어쩔 줄을 몰랐습니다. 《리그베다》와 인도의 주석연구가들에 의해 조명을 받고 있는 나사탸라는 이 두 천사의 모험은 벌을 받는 등 좋지 않게 평가되다가 나중에는 물론 영광을 되찾게 된다는 줄거리입니다. 나는 그렇게 우연하게도 나중에 조로아스터교로 변환된 이 나사탸의 전설이 하우르바타트-아메레타트로 편입돼서 잘 계승되고 있고, 결과적으로 이 두 여신이 나사탸 쌍둥이 커플을 대체한 계승자였다는 증거를 찾아내게 된 것입니다. 이제 이와 같은 원칙을 나머지 모든 대천사들에게 확대시키기만 하면 되는 것입니다. 그런데도 나는 그렇게 할 수가 없었습니다. 왜냐하면 3기능 신들인 미트라-바루나, 인드라, 나사탸 쌍둥이에 부합되는 인도의 성서에 나오는 이름들에 대해서 아직도 인정을 하고 있지 않기 때문입니다. 이러한 결론을 끌어내는 데 10년 이상의 시간이 걸리게 될지도 모르는 일이었지만 1933년부터 이를 단번에 해결할 수 있었던 것[3]은 바로 이 우연 덕분이었습니다.

---

3) Cf. 《대천사의 탄생 *Naissance d'archanges*》, *op. cit.*, pp.157-180.

제 6 장
―――
3기능의 생(生)과 사(死)

■ 현대 사회에서 3기능 모델이 남아 있는 것으로 무엇이 있습니까?

　문학에서 몇몇 단편들을 제외하고는 남아 있는 것이 아무것도 없습니다. 그런데 이 단편들이 리메이크된 작품들이 아니기 때문에 아주 흥미롭다는 것입니다. 당신은 '4인의 달인' 이라는 제목의 만화 시리즈에 관해 그리스워드가 《문학 잡지》[1]에 기고한 짤막한 단평을 읽어보았을 것입니다. 이 '4인의 달인' 에서 세 명의 주인공은 라틴어 서적을 탐닉하는 지식인, 용기 충천한 만능선수, 그리고 먹는 것에 걸신들린 먹보를 나란히 등장시킴으로서 인도-유럽어족의 기능 구조를 띠고 있습니다. 네번째 등장인물마저도 똑같습니다. 이 세 명에 합류하고 있는 소녀인 디나는 인도-유럽어족의 신

―――――――――

1) 《문학 잡지》, avril 1986.

화학에서 3인조의 남자들 사이에 끼어 있는 유일한 여신이 차지하고 있는 위치를 점하고 있다는 것입니다. 그리스워드는 다른 예들을 인용하고 있기 때문에 여기에 대해서는 뭐라고 설명드릴 수 없습니다. 다만 그러한 인물 구성이 어떻게 작가들 머리에서 떠오르게 되었는지는 그것을 쓴 작가들에게 물어보아야 할 것입니다. 사실 나는 이러한 3기능적인 부분이 문학에서 다시 나타났다고 해서 그리 놀라지는 않습니다. 그 이유는 먼저, 민중들에게 유포되어 있는 설화들은 중세 시대부터 끊임없이 3기능적인 부분을 존속시키고 친근하게 하도록 유지시켰기 때문입니다. 게르셀이 연구한 스위스 설화들을 생각해 보세요. 거기에 보면 3기능이 끊임없이 나타납니다. 그리고 19세기 동양학자들에 의해서 인도와 인도의 카스트 제도에 다소 근접한 지식을 통해서 그 도식은 문학을 하는 사람들이나 교육을 받은 사람들에게 관심을 받을 수 있었던 것입니다. 《방랑하는 유대인》인지 《파리의 비밀》인지는 확실히 모르겠지만 외젠 쉬의 소설의 마지막에서 마지막까지 살아남아서 결국에는 평화를 되찾는 사람들에 의해서 놀라울 정도의 3기능적인 도식이 구성된다는 것을 볼 수 있습니다. 그들 중의 하나는 《아그리콜라》라는 이름조차 가지고 있습니다.

■ 19세기에 말이죠!

네, 하지만 그것은 문학일 뿐입니다. 당시 급증하고 있던 철학자들한테나 정치적인 노선에서, 그리고 역혁명(逆革命)의 대가(大家)들에게서조차도 3기능은 찾아볼 수 없습니다.

■ 1949년에 쓰신 글을 보면 선생님께서는 3기능 도식이 나치에게서 그리고 소련[2]에서 찾아볼 수 있다고 적고 있습니다.

네, 위험을 무릅쓰고 이러한 유추를 했습니다……. 위 두 경우를 단순화시키면서 말입니다. 이 때문에 당시 당원이었던 유명한 정치 작가로부터 《인류》라는 매체를 통해 주의를 받기도 했습니다: 그가 말하기를 소련에는 계급이 없는 구조로 권력은 하나밖에 없고 그것은 민중에게 있는 권력이라고 말입니다.

■ 지금까지 남아 있는 것들 중에서 우리가 이미 이야기했던 귀비오의 관습이 있습니다.

네, 하지만 그것은 오직 고고학자들한테나 중요한 박물관의 유물처럼 아직도 관습적인 것입니다. 축제의 미사 집전이 그러한 의미를 풍기는지는 확실치 않습니다.

■ 그렇다면 3기능은 사라질 수밖에 없었다는 것입니까?

3기능이 현대 세계에서 의식 구조로서 어떻게 존속될 수 있었는지 잘 모르겠습니다. 물론 3기능은 현대에서 존속되고 효력을 발휘하고 있습니다만 더 이상 범주로서 인식되고 있는 것은 아닙니다.

---

2) 《로마에서 인도-유럽의 유산 *L'héritage indo-européen à Rome*》, Gallimard, 1949, pp.237-254. Texte repris et 'revisité' in 《인간의 망각……》, *op. cit.*, pp. 319-335.

아카데미 프랑세즈 선거를 치른 다음 관례대로 나는 아카데미 프랑세즈의 최고 책임자인 대통령의 초대에 참석했습니다. 대통령은 내가 하는 연구가 무엇인지 다정하게 물어보더군요. 그래서 나는 당연히 3기능에 관련된 내 학설에 대해 설명해 주었습니다. 그러자 대통령은 바로 내 말을 끊으면서 "당신이 이야기하는 것이 우리 정부네요"라고 말하더군요. 그래서 내가 이렇게 대답했습니다. "네, 하지만 대통령께서는 거기에 대한 중요한 설명을 듣지 못하셨습니다." 결국 3기능은 사회가 존재하는 한 존속해 나갈 것입니다. 하지만 금세기초부터, 양차 세계대전 이후로 급속히 확산되고 있는 기술의 발전은 인류가 겪어 온 경험 전체나 아니면 그 중에 꼭 필요한 것만이라도 보장하고 있는 3기능에 지위를 부여하는 것을 더 이상 가능하지 못하게 만들고 있습니다. 인도-유럽어족에서 18세기까지 일어난 변화보다 18세기에서 우리 시대까지 일어난 변화가 더 돌발적인 것입니다.

III

"나는 사상의 대가가 아니다"

제 1 장
소포클레스, 베르그송, 그리고 미셸 드 노트르담

■ 선생님께서는 《아폴론 영웅담》[1]이라는 단평에서 1년에 한 번은 《일리아드》를 '문제 제기하지 않고' 읽을 것을 독자들에게 충고하셨습니다. 그 책의 내용에 대해 연구를 하게 되면 그것을 읽는 즐거움을 상실하게 된다는 것을 의미하는 것입니까?

독서의 즐거움을 완전히 상실한다는 의미는 아닙니다: 의문을 가진다거나 비판을 한다 할지라도 호메로스의 작품은 아주 훌륭합니다. 하지만 나는 대개의 경우 《일리아드》의 노래를 읽으면서 나와 관련된 문제들에 휩싸이게 되고 아프로디테나 헤라, 아킬레우스나 아가멤논의 말이나 행동에 관심을 기울이게 됩니다. 색인을 찾아보고 참고 내용을 적기도 합니다……. 하지만 가끔은——가능하다면

---

1) 《아폴론 영웅담》, *op. cit.*, p.73.

1년에 한 번은——이러한 시도들을 생략한 채 여기에 나오는 시(詩)
나 여신들, 영웅들, 장면들, 어휘 그리고 문장들을 감상합니다.

■ 선생님께서 선호하시는 고전 작품은 무엇입니까?

소포클레스입니다. 소포클레스의 모든 작품들을 좋아합니다.

■ 고전 작품에 나오는 인물들 중에서 선생님께서 좋아하는 인물
은 누구입니까?

볼 때마다 당시에 읽고 있는 비극에 나오는 인물을 좋아합니다.
오이디푸스이든 네오프텔레모스이든. 아이아스도 마찬가지입니다.

■ 고대나 이국적인 작품 속에서 평생을 보내셨군요. 근대 문학도
좋아하십니까?

현대 문학을 말씀하시는 건가요? 현대 문학은 잘 모릅니다. 시간
이 없어서 그렇게 되었습니다. 거기다 나는 문학적인 소양이 없어서
요. 사람들이 가끔 나보고 이런 책을 좋아하다가 금방 싫증내서 다
른 책을 좋아하고 그래서 이상한 취미를 가지고 있다고 말하더군요.

■ 결국 가끔 읽기는 읽으시는군요!

동료들이 쓴 것들을 봅니다. 사실대로 말하자면 과학적인 서적을

더 선호합니다. 뤼피에의 최신작[2] 같은 것 말입니다.

■ 선생님의 말씀을 들어보면 가끔은 18세기 시대 사람 같다는 생각이 듭니다. 계몽 시대의 이성주의자 말입니다.

별말씀을 다하시는군요. 너무 과찬이십니다. 18세기가 끝나는 마지막 10년 동안에, 그리고 그 이후에 일어났던 모든 상황에도 불구하고 내가 그 당시의 사람이었더라면 하는 생각을 가지고 있습니다. 게다가 그 당시의 위대한 사람들처럼 불굴의 도전 정신을 가지고 말입니다. 나는 다윈과 보프를 읽게 되는 달랑베르나 몽테스키외 같은 사람이 되고 싶었습니다.

■ 방금 전에 18세기에 나타났던 모든 상황이라고 말씀하셨는데 무슨 말씀인지요?

프랑스 혁명과 민족주의를 말하는 것입니다. 하지만 시대를 더 정확히 말하자면 18세기에 있었던 자멸 행위는 낭트 칙령의 폐지나 아니면 앙리 4세의 가톨릭 개종에서 서서히 진행되었다고 봅니다.

■ 그렇게나 멀리요?

네, 만약 앙리 4세가 개종하지도 않았고 암살되지도 않았다면 2

---

2) 자크 뤼피에, 《성과 죽음》, *op. cit.*

세기 내지 3세기만에 영국의 군주제에 해당하는 무엇인가가 세워졌
을지도 모르고, 사상의 자유도 훨씬 빨리 생겨났을지도 모르고, 그
렇게 많은 폭력도 없었을 것입니다. 태양왕은 우리가 쇠퇴하게 된
동기를 마련했던 것입니다.

■ 선생님의 독서에 관한 이야기로 다시 돌아와서, 언젠가 선생님
께서는 철학을 하고 싶지 않다고 말씀하셨는데…… 철학을 읽는
것도 싫어하시나요?

사람들이 시를 읽거나 소설을 읽고 아름다운 건축이나 훌륭한 교
향곡이나 신학에 취미가 있는 것처럼 나도 철학 읽기를 좋아합니
다. 하지만 전문 용어가 나오거나 단어들이 불분명하게 해석이 되
어 있거나 하면 책을 덮어 버립니다. 아리스토텔레스조차도 따분하
게 느껴집니다. 나의 아테네 시대 그리스어 실력은 아이스킬로스에
서 플라톤까지 읽을 수 있을 정도이고, 데모스테네스는 좀 반복해
서 읽어야 합니다.

■ 선생님께서 플라톤보다는 아이스킬로스를 더 선호하는 걸로
알고 있는데 그렇습니까?

소포클레스를 더 좋아합니다.

■ 하지만 3기능의 이상적인 모델은 플라톤의 《국가》에 있질 않
습니까.

물론입니다. 게다가 그 덕을 보고 있고 피타고라스나 다른 사람들의 어떤 전통을 따르고 있으니까 그의 연장선상에 있습니다. 하지만 나는 플라톤을 아주 좋아합니다. 내가 선호하는 것은 플라톤의 대화나 덜 철학적인 부분을 좋아합니다.

■ 가장 최근의 철학자들 중에서는 누구를 좋아합니까?

키케로를 읽는데 아마도 그가 글을 잘 쓰기 때문에 그럴 겁니다; 주로 세네카를 읽고 가끔 마르쿠스 아우렐리우스의 일부를 읽습니다.

■ 내가 말하고자 하는 것은 현대 철학가들 중에서 누구를 좋아하냐고 말한 것인데요.

젊었을 때 베르그송에 매혹을 느꼈습니다. 《물질과 기억》에 대한 세부 계획을 만들려고까지 했었습니다. 그리 쉽지는 않았었습니다. 10년 내지 20년 동안 《창조적 진화》는 내 바이블이었습니다.

■ 그에 대한 매력이 떨어진 것은 언제였습니까?

정확히는 모르겠습니다. 매력이 떨어졌다기보다는 관심이 흐려진 거죠. 그리고 오늘날 뤼피에의 《성과 죽음》에 아주 강한 흥미를 느끼고 있는 것은 아마도 그와 같은 열정의 새로운 형태일 것입니다. 나는 단지 이 대작의 자연적인 면이 새롭게 추가되는 것을 보고 싶을 뿐입니다: 《대량 학살과 향연》, 즉 탄생과 죽음 사이에 일어나는 모든 것 말입니다. 베르그송 이외에는 데카르트를 들 수 있겠군요. 그는 내가 다른 식으로 생각을 하도록 길을 인도해 준 인물입니다. 독일 철학자의 이론은 칸트에서 헤겔에 이르기까지, 그리고 그 이외의 인물들은 나를 어렵게 만듭니다.

■ 최근에 쓰신 책들 중에 하나가, 선생님의 책을 주로 읽는 독자들과 선생님의 중심 내용을 가장 잘 따르고 포기하는 것을 싫어하는 선생님의 성향을 잘 아는 사람들을 깜짝 놀라게 만든 적이 있습니다. 《바렌 안의 짙은 회색의 수도사》[3]에서 루이 16세의 탈출과 그의 체포에 대해 예견하는 듯한 노스트라다무스의 4행시의 해석을 제시하고 있습니다. 사람들은 이 책에 관해서, 그리고 이 책에서 그의 위치에 관해서 의아심을 많이 가지고 있습니다.

아, 그건 내가 즐기려고 그렇게 한 것입니다. 게다가 그 책을 출간할 목적으로 쓴 것이 아니었습니다.

■ 어쨌든 선생님께서는 노스트라다무스의 예언을 믿는 것은 아닙니까?

나는 아무것도 신봉하지 않습니다. 우리가 가지고 있는 세상에 대한 지식은 이제 겨우 시작에 불과합니다. 2백 년 전에는 공기가 어떻게 구성되어 있는지 사람들은 몰랐습니다. 라부아지에가 나타

---

3) 《바렌 안의 짙은 회색의 수도사》, Gallimard, 1984.

나기 전까지는 말입니다. 뤼피에의 책에서 읽었는데 임신에 있어서 정자의 정확한 역할을 규정한 것이 1877년이라는군요. 불과 1백 년 전의 일입니다! 그렇다면 당연히 사상의 전파에 관한 모든 문제라든가 예측에 관한 문제라든가…… 등등은 내일이라도 명확해질 수 있는 것이 아니겠습니까.

■ 그럴지도 모르죠, 하지만 어쨌든 간에 선생님께서는 책에 대해 의문을 갖게 만들지 않았습니까.

나는 오래전부터 예견된 두 가지 사실 관계 사이에 일치된 부분들을 총망라하여 완성한 것에 대해——늙은 비교주의자에 대한 반응——만족합니다. 4행시와 역사적인 사건 말입니다. 더 재미있게 하려고 끝에다 약간의 이론을 덧붙였습니다. 하지만 걱정 마세요. 그건 재미에 불과한 것이니까요.

■ 그렇다 할지라도 선생님께서는 이 주제에 대해서 《토론》이라고 하는 잡지에서 장 클로드 페케르라는 점성술사와 논쟁을 하시지 않았습니까.

논쟁이라고요? 그것도 재미였습니다. 이성주의자 협회 의장이고 친구이자 동료인 페케르는 장난 한번 하자는 내 요구를 친절하게 받아들인 것뿐입니다. 내 대답은 간단하게 요약됩니다: 우리가 이해할 수 없는 이런 종류의 사실들을 모아서 미래의 과학에, 두뇌에서 일어나는 것들에 대해서 그것을 해석하는 책임을 뛰어난 지식에 맡기자는 것입니다.

■ 어떤 사람들은 바로 이 조그만 책에서 선생님 연구에 대한 열쇠를 찾았다고 믿고 있습니다.

푸코가 아주 장난을 잘 쳤군요!

제 2 장
정 치

■ 여기저기서 선생님을 프랑스에서 가장 위대한 지식인 중의 한 사람으로, 최고의 가치가 있는 작품의 저자로서 소개하고 있고, 선생님의 이름은 수많은 저서와 잡지에서 인용되고 있습니다. 하지만 내가 알기로는 1981년[1]에 출간한 연구 모음집을 제외하고는 선생님에 관한 책이 없습니다.

내가 연구한 것 중에 일부분만을 가지고 그런 것이 분명합니다. 그리고 나는 시간이 나는 대로 이렇게 말했습니다. "기다리세요. 이 모든 것이 나중에 어떻게 결론이 나는지 함께 기다려 봅시다"라고. 내심으로는 섣불리 내 연구에 대한 총론이 만들어지는 것을 원하지 않았습니다.

---

1) 《시대를 위한 연구지 *Cahiers pour un temps*》, Centre Pompidou-Pandora édition, 1981.

■ 그렇습니다. 선생님께서는 《유녀(遊女)와 유색의 영주들》서문에서 선생님 연구에 대한 내용 요약만이 교재에 실리게 될까 봐 걱정이 되신다고 하셨습니다. 그렇게 되면 교재에만 의지하고 선생님께서 쓰신 원전을 읽지 않게 된다고 말입니다.

나는 내가 한 연구들이 교재화되는 것을 원하지 않습니다: 교재라 하는 것은 연구가 어떻게 생겨나게 되었는가 하는 과정은 무시된 채 그 결과만을 싣고 있으니까요. 우리 연구에 있어서 젊은 연구가들에게 반응을 불러일으켜서 연구의 발상이 되고 계기를 마련해 주는 것은 그들이 연구를 수행하는 과정의 역사인 것입니다.

■ 하지만 교재화되는 것을 거부하게 된다면 또 다른 위험성을 안게 되는 것이 아닙니까? 가령 더 이상 읽혀지지 않는다든가……잊혀져 가든가 말입니다.

교과서로 만들어지든 아니든 간에 망각이라는 것은 우리 모두에게 지워진 운명입니다. 우리들에게 망각을 피해 나갈 방법은 없습니다. 언어학을 공부하는 학생에게 프란츠 보프에 대해 어떻게 생각하는지 물어보십시오. 그 학생은 그의 연구를 읽어보지 않았다고 대답할 것입니다. 이 위대한 사람과 비교하고 싶은 마음은 없습니다만 어쨌든 보프가 새로운 분야를 탄생시킨 것처럼 나도 어떤 한 분야를 복원시켜 놓았습니다. 모든 분야는 발전하게 되고 또 변형되어갑니다. 내가 왜 보프보다 더 인정을 받아야만 됩니까?

■ 망각은 불가피한 것이라고 생각하십니까?

거의 그렇다고 봅니다. 업그레이드되어지는 과정에서 내가 쓴 몇 권의 책들이 얼마 동안은 참고 문헌에 등장할 것입니다. 시간이 지나면 이런저런 문제를 다루었던 사람들 리스트에 내 이름만 오르게 될 것이고 그 이후에는 그 리스트마저 줄어들게 될 것입니다: 아주 오래된 이름은 빠지게 되겠죠. 베르길리우스를 좋아하고 읽는 젊은 라틴학자들 중에서 누가 요한네스 뤼도비쿠스 드 라 체르다를 들어 봤고, 누가 18세기 중반에 감탄할 만한 내용의 글을 썼겠습니까?

■ 하지만 그것은 어쨌든 시간이 걸리는 것 아니겠습니까.

그럴지도 모르죠. 내가 죽고 나서 몇 년 동안에 어떤 일이 일어날 것인가를 예상해 본다면 아마도 사람들한테 난도질당하는 일일 겁니다: 사람들은 더 이상 나한테 반박당할 걱정이 없는 거죠. 자신의 위치에 대해 크게 걱정할 필요가 없는 몇몇 후배들이 나를 옹호해 주기를 바랄 뿐입니다. 결국 별로 중요하지 않습니다. 죽어서 욕먹는 것하고 망각 사이에서 나에 대한 평가는 한 10년 내지 20년 동안 차분하게 평가를 받게 될 것입니다.

■ 하지만 현재로선 대성공을 거두고 있고 유명인이 되질 않았습니까. 판매량이 적어서 출판업자로부터 책이 폐기 처분되던 때가 있었다고 말씀하셨지만 현재는 줄지어서 신문에서 인터뷰가 쇄도하고 있고 텔레비전에도 출현하고 계시고요……

변한 것은 내가 아닙니다. 변한 것은 통신 기술 방법이고 사상을 전파하는 기술입니다. 누가 반세기 전에 메이예나 실뱅 레비에게 대형 뮤직홀 무대에서 그들의 연구에 관한 발표를 하도록 하는 것을 생각이나 했겠습니까? 텔레비전 덕택에 우리는 이 정도가 된 것이고, 어쩌면 그 이상이 된 것 아니겠습니까. 그리고 지식 분야에 몸담고 있고 알기를 원하며, 또 자신이 많은 것을 알고 있다고 하는 많은 아니 어쩌면 너무나 많은 지식인들이 있습니다. 은둔해서 살거나 홀로 산다는 것은 더 이상 불가능한 일입니다. 나는 내가 하지 못했던 것을 하고 싶습니다.

■ 하지만 그렇게 사는 걸 더 좋아하지 않았습니까?

만약 내가 학생들을 가르치는 것이 별로 세련되지 못했거나 아니면 갈팡질팡했었다면 숨어서 지내는 것이 훨씬 나을 것이라고 몇 번인가 이야기한 적이 있습니다. 나는 한 해 한 해를 나중에 어떻게 평가가 내려질 것인가를 염두에 두면서 살아왔습니다. 하지만 능숙한 기술자들이, 좋든 싫든 간에 나를 현재에 대한 평가를 받도록 만들어 놓았습니다. 그것도 내가 더 이상 어떻게 능력을 발휘할 수 없게 된 그런 순간에 말입니다.

■ 어쨌든 선생님께서는 도박을 하고 계시질 않습니까. 기자들의 인터뷰 요청을 받아들이는 걸 보면 말입니다.

달리 다른 방법이 없질 않습니까? 그리고 최근의 풍속은 좋은 쪽

이 많습니다: 나를 대하는 기자나 사진작가나 인터뷰기자들은 지적이고 친절하며 솔직하고 공정하니 말입니다——동료들 사이에서도 이런 경우는 흔하지 않은데 말입니다. 나는 그들하고 아주 행복한 순간을 보냈습니다.

■ 선생님의 성공에 대해서 선생님께서는 어떻게 생각하고 계신지 질문해도 되겠습니까?

　나는 성공했다는 느낌은 들지 않습니다. 어쨌든, 만약 그렇다면 성공은 나에게 너무 늦게 찾아왔기 때문에 변하게 만든 것은 아무것도 없습니다.

■ 선생님께서 성공했다는 느낌은 들지 않더라도 어쨌든 선생님께서 쓰신 각 책에 대해서 일간지나 주간지에서 여러 페이지에 걸쳐 기사를 실은 것을 보시질 않습니까…….

　한편으로는 아주 흡족하죠. 하지만 늘 걱정되고 떨립니다.

■ 오해에 따른 반박의 여지를 불러일으킬까 봐 걱정이 돼서 그런 것입니까? 어쩌면 선생님에 대해 제대로 이해시키기에는 턱없이 부족한 그런 내용의 정보지로 인해서 위험성이 커질 것이라고 생각하십니까?

　새로운 방향의 의견이 개진되고 유포가 되면 반박을 불러일으키게 되는 위험성이 생깁니다. 모든 것을 따져 보면 어쩌면 그런 반응이 빨리 나타나는 것이 더 이롭습니다. 그럴 때 제대로 정정할 수 있으니까요.

■ 사람들이 선생님께 일종의 '사상의 대가'와 같은 역할을 해주기를 바라는 것과 선생님께서 어떤 메시지를 전파해 주는 일을 거부하는 것 사이에는 모순이 있다고 생각하질 않습니까?

그건 확실합니다. 오늘날 사람들은 '사상의 대가'를 찾아내려고 혈안이 되어 있습니다. 선망의 대상이라는 표현이나 라벨이 존재하기 때문입니다. 선망의 대상이 만들어지자마자, 그리고 그때부터 끊임없이 좀 우스꽝스러운 이러한 지위 향상을 위한 후보자들이 있게 되고 또 생겨나게 됩니다. 그것은 그리 중요한 것이 아닙니다. 이러한 메커니즘이 당신을 사로잡게 되면 골치 아픈 일이 시작됩니다. 왜냐하면 그 메커니즘이라는 것이 항상 신선한 제공거리를 요구하게 되니까요. 사람들은 이러한 코미디에 낄 만한 이들을 찾습니다. 내가 거기에 말려들어간 것입니다.

■ 그렇게 된 것이 좀 재미있다고 느껴지지 않습니까?

아닙니다. 게다가 나는 사람들이 나를 '사상의 대가'로 생각하고 있다는 확신을 가지고 있지 않습니다. 사람들은 오히려 나를 칭찬한다기보다는 풍자적인 것으로 다소 수많은 언어를 배우고 굉장히 많은 문화를 다루는 사람, 간단히 말해서 이례적인 균형 속에서 사

는 독창적인 사람이라는 특별한 경우로 보고 있습니다. 어떤 뼈대
와 어떤 살로 몸뚱이를 지탱하고 있는지 사람들이 속이나 들여다
볼 수만 있다면!

■ '사상의 대가'에 대해 희화화시키는군요. 그렇다면 선생님께서
는 지식인들이 사회에서 하는 역할이 있다고 생각하질 않습니까?

　나는 이 지식인이라는 말을 좋아하지 않습니다. 나는 이 말이 무
엇을 뜻하는지 전혀 이해할 수가 없습니다. 레지 드브레이가 볼리
비아의 감옥에 갇혔을 때 사람들은 이렇게 에둘러 말을 했습니다.
'젊은 지식인'이라고 말입니다. 사실 그는 전투의 위험성을 안고 임
무를 수행한 젊은 전사였습니다. 그의 모험에 있어서 지적인 부분
에 해당하는 것은 거의 없었습니다. 호모 사피엔스라고 불리는 모
든 종류의 사람들은 아직 그들의 신경 조직에 관해 잘 알려져 있지
는 않지만 그들의 덕성으로 살펴볼 때 지적인 사람들입니다. 나의
조부는 통을 만드는 제조공이었고 부친은 장군이며 나는 교수이고,
그리고 내 아들은 정신과 의사입니다. 분명히 글을 쓰거나 불안감
을 해소시켜 주는 것만큼 통을 만들거나 대포를 만드는 데도 지식
이 필요한 것입니다.

■ 선생님께서는 한번도 참여 지식인이라는 전통에 가깝게 느껴
보신 적은 없습니까? 예를 들어 선생님께서도 아실 만한 지드나
사르트르같이 말입니다.

아니오. 나는 이런 역할을 맡고 있는 사람들에게는 일종의 반감을 가지고 있습니다. 특히 사르트르에게 말입니다. 물론 그들이 만든 작품을 보러 갔을 때, 그는 위대한 극작가이기 때문에 5분도 채 되지 않아서 그 작품에 푹 빠져들고 막이 내릴 때까지 열광을 합니다. 하지만 그들의 생활이나 지적인 활동에 있어서 그들이 하는 행동은 완전히 생소하게 느껴집니다. 그가 말한 것처럼 나는 '구제불능'임에 틀림없는 것 같습니다.

■ 하지만 선생님께서도 정치적으로 관여하시지 않으셨습니까.

참여했던 것은 아닙니다. 내가 젊었을 때 전쟁이 끝난 후에 정치적인 욕심이 있기는 했습니다. 각소트가 1920년 나를 모라스에게 소개시켜 주었는데, 그는 재능도 있고 의지도 강한 아주 매혹적인 인물로서 진정한 사상의 대가였습니다: 나는 펠로폰네소스 전쟁에 패한 후에 안티폰이 아테네의 젊은이들에게 이런 종류의 권위를 행사하지 않았을까 하는 생각이 들었습니다.

■ 각소트는 모라스의 비서였습니까?

각소트는 앙리 4세학교에서 입시 준비를 했고 나는 루이르그랑에서 입시 준비를 했습니다. 그는 건강이 너무 안 좋았기 때문에 전쟁에 동원되지는 않았습니다. 내가 그를 알게 된 것은 1919년 봄이었는데 그때 군대에서는 1913년부터 1916년까지 학교에 입학했던 학생들을 다시 학교로 돌려보내기로 결정했습니다. 각소트가 모라스의 야간 비서가 된 것은 전쟁을 하고 있을 때였는데, 그가 앙리 4세학교를 다니던 시절 '펜팔 상대였던' 아르템 파야르의 알선으로 이루어진 것입니다. 모라스는 울름 가(街)의 양성소에서 두 명의 비서를 데리고 있었습니다: 다른 비서는 나의 고등학교 동창으로 그도 군대 동원에서 면제되었으며 주간 비서로 일을 했습니다. 그는 고상하고 좀 거리감이 느껴지는 남자였는데, 나중에 국회에서 편집 비서로 오랫동안 근무했고 만년에 요리법에 관한 책을 냈습니다.

그때까지 나는 정치적인 입장을 취하지 않았습니다. 15세인가 16세였을 때 철학적으로 나는 당연히 독자적인 사회주의자라고 생각했습니다. 내가 왜 그랬는지는 모르겠습니다. 1919년 학교에서는 전쟁에서 돌아온 장교들이 사상 단체를 결성하기 시작했습니다: 탈라(tala), 즉 전투적 가톨릭 학생회원들은 로베르 가릭의 뒤를 따르고 있었고, 사회주의자 학생들은 별로 투쟁적이지 않은 아주 뚱뚱한 남자였던 마르셀 데아의 뒤를 따르고 있었습니다. 각소트는 모라스 그룹 내에서 서너 명의 학생인가 군인들과는 거리를 두고 있었습니다. 나는 주저 없이 이 그룹 저 그룹 사이를 왔다갔다했습니다. 재차 말하건대 이 그룹들은 서로 이웃하며 토론을 하고 아무 거리낌이나 까다로움 없이 서로를 방문하곤 했습니다: 당시에는 60년대에 있었던 것처럼 분열돼서 단절하지는 않았습니다. 나는 전투적인 가톨릭 학생회원들과 사회주의자들 간에 혁명이나 혁명의 시기에 관해 의견 충돌이 일어나고 있는 심포지엄이나 아주 흥미로운 모임을 갖고 있는 공부방에 참석한 적이 있었던 걸로 기억합니다. 1시간쯤 지난 후에 가톨릭 학생위원들은 좌익 쪽에 가까워졌고 마르크 상니에게 수긍을 했기 때문에, 모든 사람들은 혁명은 불가피하고 또 필요하다고 선언하기 위한 합의를 보려던 참이었습니다. 정치가라기보다는 에피쿠로스학파적인 이 방문객이——이 사람은 평생을 미국에서 가르쳤고 최근에 세상을 떠났습니다——어떻게 그리고 어느 한계까지 피를 흘려야 하는가를 가톨릭 학생회원들에게 질문을 했습니다. 이 예상치 못했던 미묘한 문제로 결론을 내리지 못했습니다. 하루는 아무 생각 없이 데아 그룹에 회비를 냈습니다. 각소트도 회비를 냈었는데 그 이후 그는 더 이상 회비를 내지 않았습니다.

■ 모라스에 대해서는 어떤 인상을 가지고 있습니까?

이미 말했던 것처럼 모라스는 매력적인 남자였습니다. 뭐라고 해야할지 모를 정도로 그는 사람들을 감명시킵니다. 특히 젊은이들한테는 그들이 어떤 의견을 가지고 있든지간에 항상 이야기를 들어 주는 사람이었습니다. 그는 다른 사람과 이야기할 때 완전히 귀를 기울여 주고 다른 사람들이 이야기하는 내용들, 또 그들이 겪고 있는 어려움 등을 이해해 주려고 노력했습니다……. 그는 우두머리 같은 기질에도 불구하고 지극한 애정을 쏟는 그런 사람이었습니다. 어쨌든 그는 나를 크게 도와 준 적이 있습니다: 어느 날 오후 나는 내가 지은 시 몇 편을 노트에 적어서 그에게 보여 주었습니다. 내가 볼 때 그 시는 책으로 내도 괜찮을 정도라고 생각했었습니다. 그날 저녁 그는 솔직하게 자기 느낌을 말해 주었습니다. "시를 쓴다는 것은 자기 자서전을 쓰는 데 있어서 아주 좋은 방법입니다." 그리고 한마디 덧붙이더군요. '자기 자신을 위해서' 라고 말입니다.

■ 그를 어디서 만나곤 했습니까?

각소트와 함께 상티에 거리에 있는 악시옹 프랑세즈[프랑스 활동]
조판소에 가곤 했습니다. 거기 장식하고 밤새도록 일간지를 찍어내
는 열기가 아주 마음에 들었습니다.

■ 그렇다면 선생님께서는 정치적으로 악시옹 프랑세즈에 가까
웠다는 말씀입니까?

나는 한번도 가입한 적이 없습니다. 나와 악시옹 프랑세즈하고는
상당히 많은 부분에서 차이가 났습니다. 악시옹 프랑세즈의 신조는
일체감이었습니다: 여기서는 드레퓌스 대위의 무죄를 믿거나 에드
몽 로스탕을 좋아하는 것은 금지하고 있었습니다. 그런데 《시라노
드 베르주라크》《새끼 독수리》《샹트클레》는 내 어릴 적 즐거움이
었고, 내가 성장한 것도 전쟁이 발발하기 전에 군대의 단결을 유지
하는 것을 우선으로 삼고 드레퓌스의 실형을 결코 허락하지 않은
장교들 사이에서였습니다. 이 단체의 독트린의 핵심은 다른 곳에 있
었던 것입니다.(반유대) 생각해 보세요. 베르사유 조약이 있은 후,
1918년 이후 우리 나이에 우리의 정신 상태가 어떤 것이었는가를.
우리는 또 다른 불행을 피할 수 있도록 이성적이고 질서잡힌 그런
미래를 기대했습니다. 그 원칙은 당통과 보나파르트 이후에 지속되
고 있는 일반적인 선거보다 더 났다고 하는 욕망과 변덕을 피해서
국가를 가장 높은 수준으로 끌어올릴 수 있는 군주제뿐만 아니라
왕정으로 해야 한다고, 전에도 그렇고 지금도 그렇게 생각하고 있

습니다. 북쪽에 있는 군주 국가들의 예들이——영국과 같은 스웨덴·노르웨이·덴마크·네덜란드——이러한 생각을 확실하게 해주는 것 같습니다. 10년 전에 스페인은 아직도 왕정이었습니다. 왕정이 끊긴 것이 그렇게 오래된 것은 아닙니다. 프랑스에서는 살아 있는 존재나 가문에 대한 상징에 약간은 신비적으로 집착하는 장구한 역사에 대한 긍지나, 그 기간이나 일체성에 대한 충성이 너무 오래전부터 맥이 끊어졌습니다. 분명히 프랑스를 위해서 좋은 것은 아닙니다.

■ 모라스와 헤어지게 된 것은 언제였습니까?

그를 마지막으로 본 것은 1925년 봄이었습니다. 그에게 내 약혼녀를 소개시켜 주었던 날입니다.

■ 그와의 관계는 지속되었습니까?

아니오.

■ 방금 전에 정치적인 욕심은 금방 사라지게 되었다고 말씀하셨습니다. 그 이유는 무엇입니까?

얼마 되지 않아서 국내 정치를 걱정하는 것이 아무짝에도 소용이 없다는 생각이 들었습니다. 1920년과 1921년의 유럽과 세계의 환상은 사라졌습니다. 베르사유에서 구획되는 유럽 지도는 이미 점령된 지역적 상황을 인정하는 것 이외에는 다른 방법이 없었다는 명백한 사실 때문에 통탄할 수밖에 없었습니다. 프러시아 독일과 포메라니아 독일 사이에 끼어 있는 단치히를 제외시킨 폴란드 협곡 지역이나 군사적으로 방어할 수 없는 폴란드 협곡 지역 때문에 독일의 주력 부대와 차단된 프러시아 독일 등…… 커져만 가는 유럽의 위기라는 명백한 사실 앞에서 배상 문제에 치우치고 있는 프랑스 정치는 터무니없게도 이러한 상황에 부합하지 못하고 있었습니다. 푸앵카레는 루르를 점령하고 에리오는 거기서 철수시키고……. 사실 1924년부터 불행의 기운은 감돌고 있었고, 우리 세대는 그러한 상황에 직면해서 아무것도 할 수 없음을 확신하고 있었습니다. 그래서 나는 이스탄불로 떠났고 거기서 동양운명론의 현명함에 심취했습니다.

■ 최근에 선생님의 주장을 반박하는 몇몇 논쟁이 벌어졌습니다. 그에 따르면 선생님께서는 정치적인 욕망을 너무 일찍 포기하지 않았나 하는 것입니다. 로마를 연구하는 역사가인 아르놀드 모미글리아노, 그 다음에 《야간 전투》의 저자인 카를로 긴즈버그는 특히 선생님 저서 중의 하나인 1939년에 쓴 《독일의 신들》 내용에 나치를 옹호하는 부분이 있다고 고발했습니다. 선생님께서는 아주 신랄하게 반박을 하셨고요. 그것도 두 번씩이나 말입니다.

예, 《인간의 망각》[2]의 마지막 초고에서 모미글리아노에게 그리

---

2) 《스무 살의 전원시 *Une idylle de vingt ans*》, in 《인간의 망각……》, *op. cit.*, pp.229-318.

고 1985년에 쓴 《연대기》[3]의 마지막 낱권에서 긴즈버그에게 반박을 했습니다. 독자들에게 이러한 청산이 있었다는 것을 참고하도록 해주세요. 물론 나는 이것이 청산될 때까지 빗자루를 들 것이고 몇 번이고 계속해서 빗자루를 들 것입니다. 소용없는 일일지도 모릅니다. 아우게이아스는 항상 여분의 마구간이 있으니까요. 헤라클레스는 신경쓰지 않을 것이고, 그리고 나는 다른 과업들이 있으니까요.

■ 선생님의 두 번에 걸친 답변은 극도로 신랄했습니다.

그렇다고 생각하지 않습니다. 그와 반대로 아주 침착하게 대응했습니다.

■ 모미글리아노에게 답했던 선생님의 마지막 문장이 생각나는군요: "갈채와 모욕이 끝나고 났을 때 당신과 나의 연구에 대해 무엇이 남아 있겠는가"라고 말입니다.

그 말은 정확하지 않습니다. 내가 쓴 것은: "갈채와 모욕이 끝나고 났을 때 당신과 나의 연구를 대체하게 되는 것을 세심하게 가늠하는 일은 다음 세대의 몫으로 남겨 놓읍시다"라고 썼습니다……. 결국 유일한 판단, 유일한 선별만이 중요하다라는 말은 후대의 판단에 맡기자는 말과 다름없습니다. 이 말이 그렇게 신랄했나요?

---

3) ⟨Science et politique, réponse à Carlo Ginzburg⟩, 《연대기 *Annales*》, *ESC*, sept.-oct. 1985, pp.985-989.

■ 이 논란 때문에 상처를 받으셨나요?

　그렇지 않습니다. 나는 논쟁을 좋아합니다. 처음부터 아예 나를 깔아뭉개려고 작정한 이것보다 더 위험한 다른 논쟁들도 겪어 왔습니다.

■ 선생님께서 논쟁을 하실 때 사람들은 실제로 일종의 글쓰는 맛을 만끽합니다.

　내가 신랄하게 논쟁을 했던 적은 아주 적었고, 당신이 보기에 격렬하다고 느꼈던 최근 두 번의 대답도 마찬가지입니다. 공격을 하는 것이 쉬웠겠지만 공격은 하지도 않고 단지 공격을 피하고자 하는 것이 고작이었습니다. 하지만 여러 번의 공격을 막아내야 했던 것은 사실입니다. 이를 두고 루이 마시뇽이 간단한 이유를 설명해 주었습니다. 콜레주 드 프랑스 선거에서 나를 저지하려는 세력과의 힘든 싸움이 진행되는 동안――내가 이 힘든 싸움에 참여한 것이 아니라 나를 위해 다른 사람들이 노력해 주었습니다――어느 날 그가 나한테 이렇게 이야기해 주었습니다. "창문을 열어 보세요. 그러면 당연히 환기가 됩니다."

■ 네, 하지만 모미글리아노와 긴즈버그와의 경우에는 선생님의 연구에 관한 논쟁이 아니라 그들의 정치적인 편견에 관한 것이었습니다.

그것은 유감스러운 논쟁이었습니다. 그 논쟁은 악의적이었고 어쨌든 간에 나쁜 의도에서 비롯된 것입니다.

■ 그런데도 그 논쟁이 선생님의 마음을 상하게 하지 않았단 말입니까?

마음도 상하지 않았을 뿐만 아니라 여러 가지를 수정하게 만들어 준 것에 대해서 오히려 만족하고 있습니다. 그렇게 서투른 공격들을 막아낼 수 있었던 것에 대해 만족하고 놀라울 따름입니다.

제 3 장
체스보드 같은 인간 관계

■ 선생님께서는 저서만큼이나 친구도 아주 중요하다고 늘 이야기를 해오셨는데…….

터키 속담에 이런 말이 있습니다. "친구에 대한 이야기는 아내에 대한 이야기보다 더 많이 하는 것이 아니다." 그러니 친구에 대해 무슨 말을 할 수 있겠습니까? 우정에 관한 한 나는 아주 만족하고 있습니다. 왜냐하면 자랑도 아니고 말로만 그러는 것이 아니라, 실제로 나는 누구를 만나든간에 금방 친해집니다. 우연히 사귀게 되었다가 인간 관계가 소원해진 사람들조차도 절교하지 않고 파티에 참석합니다. 게다가 수집가와 비교연구가적인 내 성격 탓에 다양한 종류의 사람들에게 관심을 가지고 또 사귀게 되는 것 같습니다. 그리고 대부분 끈끈하지 못한 관계라 할지라도 진짜 헤어지게 되는 경우는 죽어서 더 이상 보지 못하게 되는 경우밖에는 없습니다.

■ 내가 말하고자 했던 것은 그런 사람들이 아니라 선생님의 인생에 영향을 미친 진짜 친구들에 대해 이야기한 것입니다.

그건 정도의 차이일 뿐입니다. 게다가 나는 사람들에 대해 이러쿵저러쿵 이야기하는 것을 좋아하지 않습니다. 오늘날 이미 고인이 되신 연장자들이나 현재의 친구들은 당신이 말한 것처럼 나름대로 역할을 하고 있을 뿐입니다. 지금은 젊은 사람들의 시대입니다. 그 사람들과 나만의 문제입니다. 게다가 이름을 말해 준다고 해서 당신이 알 수 있는 것도 아니고요: 그 사람들의 개인적인 문제도 있으니 말할 수 없는 것입니다. 나의 인간 관계가 체스보드 같다고 한다면 그 체스보드에 있었던 말들, 다시 말해 나와 관계가 있었던 사람들의 국적은 말해 줄 수 있습니다: 스웨덴 사람, 터키 사람, 체코 사람. 미국 사람, 베냉 사람, 그리고 두세 명의 프랑스 사람이 있습니다. 스웨덴 사람인 모리츠는 53년 전부터 왕과 같은 행세를 하고 있는데 에콰도르의 안데스 산맥에서 살고 있습니다. 레피카 여왕은 40년 전부터 왕좌에 있습니다; 그 여왕은 아나톨리아 히산의 약간 북쪽에 있는 보스포루스에서 꿈속에나 있을 법한 얄리에서 살고 있습니다. 20년 내지 30년 된 다른 사람들 중에 누가 체스보드의 룩이고 비숍이고 나이트인지 어떻게 말할 수 있겠습니까? 물론 그들은 내가 처한 상황에 따라 서로 역할을 달리했습니다. 지나간 세월 많은 사람들 중에서도 나는 첫 성체 배령을 같이 받은 또 다른 모리스를 마음속에 간직하고 있습니다. 내가 트로이고등학교에서 4학년일 때 그는 5학년이었습니다. 우리는 〈주님의 포도나무〉라는 영화에 나오는 지젤의 미래의 남편과 정부(情夫)처럼 촛대를 들고 하얀 완장을 찬 남자아이들의 사이로 걸어가고, 그들은 우리의 양쪽으로 갈라서서 길을 내주었습니다. 하지만 우리 둘 사이에 지젤은 없었습니다. 그는 파리이공과대학교에 들어갔고 나는 울름 가(街)에 있는 학교에 들어갔습니다. 그는 마르세유에 살았고 나는 파리에 살았습니다. 그는 가끔 파리로 나를 찾아왔습니다. 열렬한 독서가인 그는 아직도 나에게 무슨 책을 읽어야 되는지를 권해 주기도 합니다.

■ 선생님께서는 우리가 말했던 각소트[1]하고 상당히 가깝게 지낸 것으로 알고 있습니다. 그리고 나중에는 미셸 푸코와도 상당히 친했고요.

나는 푸코가 죽었을 때 어떻게 해서 그와 알게 되었는지 말한 적이 있습니다. 스웨덴에 있는 웁살라의 친구들이 내가 25년 전에 근무했던 바로 그 프랑스어 강사 자리에 유능한 교수를 추천해 달라고 부탁한 적이 있습니다. 나는 에콜 노르말에서 그 나이에 해당하는 사람들을 알지 못했습니다. 나의 친한 친구이자 고고학자이고 고전 화폐 전문가이며 불행했던 앙리 퀴리엘의 형제인 라울 퀴리엘이 이 문제를 해결해 주었습니다. 그는 아프가니스탄에서 돌아와서 한 젊은이를 만났는데 그 젊은이는 자기가 만난 사람들 중에 가장 똑똑한 사람이라고 주저없이 말을 하더군요. 그가 푸코였습니다. 나는 바로 그에게 편지를 보냈고 그 일은 그렇게 해결되었습니다. 하지만

---

1) Cf. la préface au livre de Pierre Gaxotte, 《후작 부인과 나 *La marquise et moi*》, Editions du Rocher, 1986, pp.9-13.

푸코가 스웨덴으로 떠나기 전에 그를 보지를 못했습니다(미스틀러가 말한 것처럼 나는 웨일즈에서 얼쩡거리고 있었습니다). 내가 그를 만나게 된 것은 다음해 봄이었습니다. 콜레주에서 강의를 끝내고 웁살라에 갔을 때였습니다. 그의 인기와 명성을 확인할 수 있었습니다. 나는 그의 학기 마지막 수업에 참가했습니다. 도시의 아주머니들이 자기 딸들을 데리고 왔더군요. 하지만 주제는 의외의 것이었습니다: '사드에서 장 주네에 이르기까지 프랑스문학에서 사랑의 개념.' 그는 웁살라에서 2년만 근무했는데 두번째 해에 그를 만나게 되어서 다행이라고 생각했습니다. 처음 만났을 때부터 통상적으로 그랬던 것처럼 누가 선후배인지 확인했습니다. 다시 말해서 내가 그보다는 바칼로레아를 먼저 보았음을 확인하게 된 것입니다. 그에게 서로 말을 놓자고 제안했습니다. 그러자 그가 이렇게 대답하더군요: "**Tack ska' du ha**! 고마운 줄 알아라." 그리고 나서 꿀물이 없었기 때문에 우리는 함께 스냅을 몇 잔 마셨습니다.

■ 그는 강의에서 어땠습니까?

그는 기가 막힐 정도로 말을 잘했습니다. 특히 그는 타고난 임기응변가였습니다. 나는 그의 탁월한 솜씨 중의 하나를 생생히 기억하고 있습니다. 대학에서 강사였던 그는 메종 드 프랑스의 책임자였습니다. 거기서 그는 상황에 맞게 임시방편적인 방법으로 약간의 '문화 전파'를 하는 책임을 맡고 있었습니다. 알리앙스 프랑세즈에서 마감 시간에 임박해서 사르트르의 작품인 《더러운 손》이라는 영화를 그에게 보내 주었던 것입니다. 오후 4시에 그는 소포 속에 뭐

가 들어 있는지 몰랐습니다. 그렇지만 6시에는 그 영화에 대한 기가
막힌 소개를 했던 것입니다.

우정은 죽을 때까지 절대로 변하지 않았습니다.

그는 스웨덴에서 돌아왔을 때 처음에는 캉브론 전철역 근처에서
살다가 나중에 당신도 알고 있는 보지라 가(街)에 있는 아파트에서
살았습니다. 나를 보러 종종 우리 집에 왔고 나도 그의 집에 갔었습
니다. 우리가 무슨 이야기를 했더라. 모든 것에 대해 이야기를 나누
었습니다. 인생에 관한 것, 실수했던 것…….

거의 하지 않았습니다. 처음에 그는 자신의 연구에 대해 이야기를
했습니다. 내 연구에 대해서는 한번 이야기를 듣고 나더니 전부 다
인정을 해주더군요. 그는 너무 속속들이 알고 있어서 무관심해졌다
고 생각이 듭니다. 그는 끊임없이 연구하는 그런 사람이었으니까요.

물론입니다.

■ 거기에 대해서 이야기하셨겠군요?

거의 하지 않았습니다.

■ 푸코가 콜레주 드 프랑스에서 한 마지막 강의 중에 하나는 선생님의 《소크라테스 유언에 관한 위희(慰戲)[(철학) 본질 문제를 외면케 하는 유흥 활동]》[2]를 다루었습니다. 선생님께서는 《사회과학 연구지》[3] 최근호에서 사후(死後)에 발표하는 방식으로 그에게 답변을 하셨고요.

그것에 대해 푸코와 논의를 해보고 싶었습니다. 내가 쓴 소크라테스에 관한 《위희》에 관해 푸코가 이야기했을 때 그가 진지했었다고 생각하지 않습니다.

■ 저는 그렇다고 생각합니다. 책이 출간되었을 때 푸코는 나한테 그것에 관해 이야기를 해주었습니다. 그리고 콜레주에서 그가 강의할 때 저는 그의 강의를 들었습니다. 그때 그는 아주 진지했었습니다.

---

2) 《바렌 안의 짙은 회색의 수도사, 소크라테스 유언에 관한 위희(慰戲)의 속편》, Gallimard, 1984.

3) 〈Les dernières paroles du philosophe〉, 《사회과학 연구지》, n° 61, mars 1986.

그가 가면을 썼다 벗었다 하는 놀라운 재능을 가지고 있다는 것을 당신은 잘 알지를 않습니까. 그는 여러 사람 앞에서 강의할 때 어떤 것의 중요성에 대해 상당히 관심이 있는 듯한 모습을 보여 줍니다. 그리고 나서는 복도에서 그것에 대해 관심이 없다는 듯이 그리고 비꼬는 듯이 이야기를 합니다.

■ 정치에 대해서도 서로 이야기를 나누십니까?

정치 이야기도 합니다. 우리들 사이에는 서로 충돌을 피하고자 하는 공감대가 형성되어 있습니다.

■ 어쨌든 정치 분야에서, 적어도 그의 공개 강의에서는 선생님과는 매우 다른 의견을 가지고 있다고 말할 수 있겠군요. 감히 말하자면 서로 대립된다고 해야겠군요.

하지만 푸코는 사회적인 참여 속에서보다 자신의 존재 속에서 훨씬 복잡한 사람입니다. 그와의 정치에 관한 토론은 어쨌든 심각한 정도로 깊어지거나 하지 않습니다. 나는 그와 이야기할 때 다음과 같은 정도의 수준을 벗어나지 않습니다: "아직도 교도소 문 앞에서 뭐하고 있니?"

■ 선생님께서는 푸코가 대학에서 지내는 데 있어서 도움을 많이 주셨습니까?

우리는 서로를 돕기 위해 서로가 최선을 다했습니다. 나는 뭐 특별하게 한 것은 없습니다. 나이 문제입니다: 당연한 것 아니겠습니까. 연장자가 젊은 사람을 도와 주는 것 말입니다. 물론 나는 그가 진로를 선택하는 데 있어서 도움을 주기는 했습니다: 푸코는 웁살라에 있는 '카롤리나 르디비바'라는 어마어마한 도서관 안에서 옛날에 어떤 아마추어 수집가가 기증한 17세기와 18세기의 의학 서적 전집을 찾아냈습니다. 그는 거기서 《광기의 역사》를 위한 엄청난 자료를 얻어냈습니다. 이 책은 금방 유명해졌고, 그를 이쪽 길로 들어서게 만들었습니다: 그는 더 이상 도움이 필요 없었습니다.

■ 그런데도 선생님께서는 푸코가 콜레주 드 프랑스에서 선출될 때 그를 지원해 주셨습니다.

나는 단지 푸코를 잘못 이해하고 있거나 선입견을 갖고 그를 젖쳐 놓았을 거라고 의심이 되는 몇몇 동료들을 접촉했을 뿐입니다. 나는 당시 미국에 있었습니다. 그래서 나는 "천재를 놓치지 않도록 조심하세요"라는 내용의 편지를 대략 6통 정도 보냈습니다. 내가 보낸 편지들이 효력이 있었는지는 잘 모르겠습니다.

■ 선생님께서는 그의 첫 강의에 참석하셨습니다.

네, 당연히 참석했습니다.

■ 그는 거기서 선생님을, 자신을 키워 준 선생님들 중의 한 분이

라고 말했습니다…….

콜레주에서의 첫 강의는 평생에 한번밖에 할 수 없는 일종의 문학 장르에 해당합니다…….

■ 그렇다 하더라도 선생님께서는 그의 스승들 중에 한 분이라는 느낌을 가지고 있었습니까?

무슨 스승이요? 위대한 신이라도 된다는 말입니까? 그가 그런 말을 한 것은 예의상 그렇게 한 것입니다. 아니면 나한테 재미있으라고 그렇게 말을 했거나 그랬을 겁니다.

■ 예를 들면 그가 이런 말을 했습니다. "나는 글쓰기(écrir)가 즐거움이라고 믿고 있었을 때 뒤메질은 글쓰기는 일이라는 것을 나에게 가르쳐 주었습니다."

문장이 아주 멋있군요. 하지만 푸코는 나를 만나기 이전부터 글을 아주 잘 썼습니다. 게다가 나 같은 경우는 글을 쓰면서 이게 일이고 동시에 즐거움이라고 줄곧 생각해 왔던 것입니다.

■ 선생님께서는 어디에선가 언론에 발표된 인터뷰에서 이렇게 말씀하셨습니다. 선생님의 눈에는 인생을 정당화시켜 주는 것이 세 가지 있다: 가정, 업적, 그리고 친구 말입니다.

나는 정확히 내 인생을 정당화시켜 주는 것이라고 말했습니다. 존재에 대한 일반적인 규칙을 이야기하고자 한 것이 아닙니다. 하지만 오래전부터 정치에 대한 취향도 없고 예술에 대해 타고나지도 않았기 때문에 이 세 가지 화환이 내 인생을 충분히 장식해 주고 있는 것입니다.

■ 당연하지요. 선생님은 대가족에다가 친구도 많고 그리고 엄청난 업적을 남기시질 않았습니까.

연구는(업적이라고 말하는 것보다: 이 단어는 사망자의 약력에 쓰는 말이다) 한도 끝도 없습니다. 나는 펜을 잡을 수 있는 한 좋건 나쁘건 그 펜을 긁적거릴 것입니다.

■ 연구라는 것이 아주 광적으로 만드는 것입니까? 아니면 너무 광적으로 만드는 것입니까?

물론 나의 연구가 내 인생에 있어서 아주 중요한 역할을 했다고 말할 수는 없습니다. 왜냐고요? 십중팔구는 다른 것을 할 수 없었기 때문일 것입니다. 하지만 근본적으로는 나에게 있어서 가장 중요한 것이 연구는 아니었습니다.

■ 선생님께서 수많은 책을 쓰시고 아직도 꾸준히 그렇게 연구를 하시는 이유가 다른 것은 할 수가 없었기 때문이라고 생각하는 것입니까?

나는 운명이라는 말을 아주 싫어합니다만 가끔은 사람들은 이런 저런 것들을 하도록 태어났다고 하는 생각이 들 때가 있습니다.

■ 마치 연구하는 것은 타고난 운명이라고 생각하는 것입니까?

그렇다고 봐야죠.

■ 하지만 그렇게 오랫동안 연구에 몰두하게 되고 같은 연구를 반복하다 보면 자기가 하는 일에 갇혀 있다고 느끼게 되고 귀찮은 짐을 짊어지고 산다고 생각되어지게 마련 아닙니까? 가끔은 그것으로부터 벗어나고 싶은 감정이 들텐데요?

당신이 도살장 같다고 표현한 그런 인생 속에서도 나름대로 자유롭다는 생각을 가지려고 노력했습니다. 그 방법은 간단합니다: 언제나 모든 것에 의문을 품고, 교정하고, 개선하는 것입니다. 나의 수많은 저서들과 기고한 글들은 이런 식으로 새롭게 바꿔 놓았습니다. 내가 발표한 글들은 내용을 첨가할 만한 그런 글들이 아닙니다. 나는 발굴 현장의 감독관처럼 연구를 했습니다: 첫해에 발굴 현장의 감독관들은 처음 어떤 것을 발굴했을 때 궁전을 발견한 것처럼 생각하지만 그 옆을 계속해서 발굴하다 보면 그것이 사원이거나 목욕탕밖에 되지 않는다는 것을 알아차리게 됩니다. 그들은 계속해서 보고서를 써나가면서 고치고 또 고쳐 나갑니다.

■ 언젠가 선생님께서 말씀하셨지요: 만약 내가 인생을 잘못 걸

어왔다면 내 인생은 의미가 없다고 말입니다.

나의 학문적인 인생에서는 그렇습니다. 하지만 사실은 이 말도 틀린 것입니다: 비록 내가 인생을 잘못 살아왔다 하더라도 그 인생은 나름대로 어떤 기능이 있었던 것이고 그것이 내 인생을 재미있게 만들었을 테니까요. 어쨌거나 오늘날 인생을 다시 시작하기에는 너무 늦은 것 아닙니까. 나는 내가 살아온 인생으로부터 벗어날 수 없는 거죠. 만약 내가 걸어온 길이 완전히 잘못된 것이라고 가정한다면 내가 연구한 인도-유럽어족은 리만과 로바체프스키의 기하학처럼 되었을 것입니다: 현실과 동떨어진 구성처럼 말입니다. 그 정도로도 과히 나쁘지는 않습니다. 그러면 도서관의 서가(書架)에서 나를 바꾸기만 하면 되는 것입니다: '소설' 코너로 옮겨지면 그뿐입니다.

색 인

송대영
한국외국어대학교 불어과 졸업
프랑스 파리8대학교 정치학과 학사 · 석사 · **D.E.A.**
현재 동대학원 정치학과 박사 과정
역서 《일반 교양 강좌》(동문선)

문예신서
272

대 담

디디에 에리봉과의 자전적 인터뷰

초판발행 : 2006년 2월 20일

東文選

제10-64호, 78. 12. 16 등록
110-300 서울 종로구 관훈동 74
전화 : 737-2795

ISBN 89-8038-497-1 94100
ISBN 89-8038-000-3(세트 : 문예신서)

東文選 文藝新書 292

교육론

장 피아제

이병애 옮김

　피아제의 관심은 지성이 어떻게 우리에게 생기는가이다. 그는 아이들에게 어떻게 인지 능력이 생겨나고, 지성이 발달하는지를 이해하고자 하였다. 그리하여 지성의 발달에는 단계가 있고, 가르침에 의해서보다 주체의 활동에 의해서 앎이 이루어진다는 것을 알았다. 따라서 학교에서 교사의 주입식 교육보다 학생의 능동적 참여를 강조하게 된다. 사실 피아제는 교육학자라기보다는 심리학자·인식론자·생물학자로서 많은 연구 업적을 쌓았다. 그러나 이러한 과학적인 발달 이론을 적용하여 효과적인 교육을 할 수 있다고 보았으므로 교육에 지속적인 관심을 갖고 있었다.

　아동 교육에서 선생의 역할은 무엇이며, 그 중요성은 어떠한가? 아동의 정신 안에 세계를 이해하게 할 도구나 방법을 형성해 주어야 하는가? 아동의 질문에 대답해 주어야 할까, 아니면 반대로 권위적인 방식으로 지식을 물어보아야 할까? 아동이 자기 것으로 만들 수 있도록 하려면 어떻게 활동을 제시해야 할까?

　교육 방법론, 교사의 역할, 아동의 자율성, 장 피아제는 일생 동안 이러한 주제들을 끊임없이 문제삼았다. 이 책이 말하고 있는 것은 그러한 것들이다. 이 책은 지금까지 일반인들에게 폭넓게 알려지지 않았던 텍스트들을 그 연속성 안에서 이해할 수 있게 해줄 것이다.

　아동 인지 발달 이론의 전문가인 장 피아제(1896-1980)는 20세기의 가장 위대한 심리학자라고 모든 사람이 생각하고 있다.

東文選 文藝新書 273

중립

롤랑 바르트
김웅권 옮김

　본서는 바르트가 타계하기 3년 전 콜레주 드 프랑스에 취임한 뒤 두번째 해의 강의를 위해 준비한 노트를 엮어낸 것이다. 강의의 제목은 '중립'이다. 중립은 프랑스어 낱말 'neutre'를 옮긴 것인데, 중성이란 문법적 의미도 있다. 바르트 역시 이 문법적 용어로부터 일반적인 범주를 도출해 중립이라는 포괄적 주제를 선정했음을 밝히고 있다. 따라서 그것은 경우에 따라 중립과 중성으로 번역되었다.

　본서에 대한 해설이나 소개는 '일러두기'와 '서문,' 혹은 바르트가 쓴 '요약문'에 담겨 있다. 독자는 학자와 예술가-작가로서 원숙기에 다다른 바르트가 전개하는 자유자재하고 폭넓은 사유의 움직임과 흐름을 맛보는 즐거움을 얻을 수 있으리라 기대된다. 바르트는 첫번째 강의, '어떻게 더불어 살 것인가'에서와 마찬가지로 이 강의에서도 동양의 선불교와 도가 사상 등을 수용하면서 동·서양을 넘나드는 지적 유희를 하고 있다. 그가 일본을 여행했을 때 '탈중심화된' 문화에 충격을 받아 《기호의 제국》을 쓴 이래로 변화한 그의 사유의 움직임은 지구촌 차원에서 폭넓게 전개되고 있다. 독자는 그의 강의가 보여 주는 사유의 한 전형을 통해 많은 것을 생각할 수 있으리라 기대된다.

東文選 文藝新書 294

역사는 계속된다

조르주 뒤비

백인호 · 최생열 옮김

"나는 지금 그간 내가 행해 온 연구 작업에 대해 수수하고 친밀하게 말하려 한다. 보다 정확히 표현하자면, 우리 탐구자들이 함께한 작업 내지 우리가 더불어 주파해 온 역정에 대해 피력하고자 한다. 그 이유는 우리 역사가들이 다른 인문과학 전문가들과 함께 같은 행보를 해왔기 때문이다. 사실상 함께 다져 온 오솔길 외부에서 홀로 연구를 진척해 나가는 탐구자는 거의 없다. 다른 사람들도 우리와 동시에 연구 영역을 개척해 나간다. 우리는 같은 공기를 호흡하고, 대체로 같은 항로를 따른다. 결과적으로 내가 벌인 역사 탐구의 역정은 나 자신의 몫만은 아니다. 그것은 반세기간에 걸쳐 확장된 프랑스 역사학파의 역정이기도 하다."

조르주 뒤비

조르주 뒤비는 《역사는 계속된다》가 일기의 필사가 아니라 예술 작품으로서의 진정한 회고록이라는 것을 인식한 첫번째 인물이다. 이 책은 은퇴 직전에 씌어진 것으로 어떠한 분명한 실패나 그릇된 시작, 혹은 골치 아픈 근심은 인정하지 않으면서 미화된 성공적인 생애를 일관되게 표현한다.

아날학파의 목적은 역사학의 방향을 정치적 · 전기적 사건의 서술로부터 과거 문명을 구성했던 사회 · 경제 · 심성이라는 저변의 힘으로 돌리는 것이다. 뒤비는 그의 경력을 이러한 접근법의 예로 제공함으로써, 그가 추구한 궁극적 목적이 자신의 평판을 좋게 하는 것이 아니라 역사가의 기교를 습득하도록 젊은이를 모집하고 격려하는 것임을 보여주었다. 이 글은 포부를 가진 역사가로 하여금 동참하도록, 아마도 중세사에 도전하도록 강력히 권하고 있다. 역사는 끊임없이 계속되듯이 뒤비의 작업, 특히나 중세의 여성들에 대한 그의 역사는 아직 끝나지 않았다. 그는 이 책에서 회고하듯이 다음 세대에게 그와 동참하여 역사 서술을 계속할 것을 권하고 있다.

東文選 文藝新書 258

역사철학

프랑수아 도스

최생열 옮김

'역사란 무엇인가?' '역사는 무슨 의미를 지니며 어떤 용도가 있는가?' 최근의 역사 연구자들은 이런 유의 질문을 케케묵은 것으로, 혹은 너무 당연하여 더 이상 거론할 필요가 없는 것으로 여기는 경향이 있다. 이 책의 저자는 이 질문들에 대한 성찰이 절실하다고 여기며, 역사학이 현재 서 있는 지점과 앞으로 나아갈 방향을 진지하게 탐색해 나간다. 프랑스에서 아날학파와 구조주의 인류학·사회학 연구 성과의 지대한 영향을 받으며 학문적으로 성장하고 현재 활발한 저술 활동을 벌이고 있는 저자는, 그간 역사학이 처한 구조적인 침체로부터 벗어나 보다 획기적 전기를 맞이하기를 희구한다. 그는 역사적 이야기가 과학적이고 독자적이며 실용적 가치를 지닌 학문으로서의 특별한 이야기가 되게 하고, 역사 서술 방식의 다양성을 발굴해 내고자 한다. 그러기 위해 우선적으로 그간 역사학이 걸어온 자취를 역사철학적으로 성찰하고, 역사학자들이 활용한 개념들에 대해 다시 질문을 던질 것을 요구하며, 나아가 역사 활동 일반에 대한 반성적 고찰을 촉구한다. 저자는 이러한 성찰을 바탕으로 하여, 다양한 문화간에 접촉이 빈번히 이루어지고 개방적 대화가 필요한 현 시점에서 다원적이고 논쟁의 소지가 많은 역사학 본유의 특성이 대화 공간을 열어 주고 개방성을 지향하는 실용적 학문으로 자리매김할 수 있다고 전망한다.

東文選 文藝新書 241

부르디외 사회학 이론

루이 핀토

김용숙 · 김은희 옮김

부르디외가 추천한 부르디외 사회학 해설서

본서는 수년전 부르디외가 한국을 방문하였을 적에 그에게 자신의 이론을 가장 잘 해설한 책을 한권 추천해달라고 부탁해서 한국 독자들에게 소개하게 된 책이다.

저술의 원칙이 되는 본질적인 행위들을 제시하고, 지성적 맥락을 재구성하며, 인류학이자 철학적인 영역을 명시하는 것이 루이 핀토의 글이 갖는 목적으로, 그의 연구는 단순한 주해서를 넘어서서 이러한 저술이 제안하는 교훈을 총망라한다.

피에르 부르디외의 이론은 결코 객관주의나 과학만능주의가 아니며, 관찰자의 특권을 중시하는 과학적 실천의 중심부의 성찰을 함축한다. 그의 이론은 사회 세계나 우리 스스로에게 향한 우리의 시각을 변화시키는 지적 수단을 제공하고 있다. 이런 의미에서 그의 이론은 개인적이자 보편적인 사물들을 파악하게 하고, 우리가 하는 유희와 그 이해 관계, 그리고 모르던 것을 인정하는 데 필요한 저항들을 이해하는 데에 도움을 주는 사회 분석의 작업이다.

사회 질서는 심층에 묻힌 신념들과 객관적 구조를 따르므로, 사회학은 사회 세계의 정치적 비전을 반드시 갖고 있다. 사회학은 우리에게 유토피아 정신과 질서의 사실적 인식을 연결하는 것을 가르쳐 준다.

사회학자이자 철학자인 루이 핀토는 국립과학연구소(**CNRS**)의 소장직을 맡고 있다. 그의 연구는 언론, 문화, 지성인과 철학 등을 다루고 있다.

東文選 文藝新書 234

사회학의 문제들

피에르 부르디외

신미경 옮김

　"사회학은 적어도 한 가지 사실에 있어서 타학문과 구별된다. 사람들은 물리학이나 철학·기호학에 대해서는 그렇지 않으면서, 사회학에 대해서만큼은 용이하게 접근할 수 있어야 한다고 생각하는 것이다. 모호함을 개탄하는 일, 그것은 아마도 이해할 가치가 있다고 생각하는 사물들을 이해하고자 하는 바람의 한 표현 방식일 것이다. 어쨌든 사회학은 '전문가적 권력과 역량'이 행사하는 독점권이란 위험한 것이며 용납할 수 없다고 생각하는 학문이다. 만약 사회학이 오로지 전문가들을 위한 전문적 지식이 되어야 한다면, 그런 사회학을 위해서는 단 한 시간도 노력할 가치가 없다."

　"학자와 비전문가, 또는 한 학문의 전문가들과 다른 한 학문의 전문가들 사이에서 통용되는 것은 결과물이지 결코 그 결과물에 도달하기까지의 과정이 아니다." 이것이 피에르 부르디외가 이 책에서 전달하고자 하는 사회학자의 비법, 마술사의 손놀림, 그의 직업적 비밀이다. 이 책은 그가 여러 인터뷰나 세미나에서 사회학의 기본적 문제들을 논했던 것을 한자리에 묶은 것인데, 부르디외 사회학의 방법론과 근본적 개념들(장·아비투스·자본·투자)과 사회과학이 제기하는 철학적·인식론적 문제들에 대한 성찰 이외에도 정치와 문화, 파업과 노동조합주의, 스포츠와 문학, 유행과 예술적 삶, 언어와 음악에 대한 참신한 분석을 담고 있다. 자신의 사회학적 작업을 소개하면서 부르디외는 독자에게 하나의 사상, 일체의 사상에 동화할 것을 요청하고 있지 않다. 그가 독자에게 요청하고 있는 것은 사상이 생성되는 방법의 주인이 되라는 것이다.

東文選 文藝新書 211

토탈 스크린

장 보드리야르

배영달 옮김

　우리 사회의 현상들을 날카로운 혜안으로 분석하는 보드리야르의 《토탈 스크린》은 최근 자신의 고유한 분석 대상이 된 가상(현실)·정보·테크놀러지·텔레비전에서 정치적 문제·폭력·테러리즘·인간 복제에 이르기까지 현대성의 다양한 특성들을 보여 준다. 특히 이 책에서 보드리야르는 오늘날 우리를 매혹하는 형태들인 폭력·테러리즘·정보 바이러스와 관련하여 기호와 이미지의 불가피한 흐름, 과도한 커뮤니케이션, 프로그래밍화된 정보를 분석한다. 왜냐하면 현대의 미디어·커뮤니케이션·정보는 이미지의 독성에 의해 증식되며, 바이러스성의 힘을 지니기 때문이다.

　보드리야르는 현대성은 이미지의 독성과 더불어 폭력을 산출해 낸다고 말한다. 이러한 폭력은 정열과 본능에서보다는 스크린에서 생겨난다는 의미에서 가장된 폭력이다. 그리고 그것은 스크린과 미디어 속에 잠재해 있다. 사실 우리는 미디어의 폭력, 가상의 폭력에 저항할 수가 없다. 스크린·미디어·가상(현실)은 폭력의 형태로 도처에서 우리를 위협한다. 그러나 우리는 스크린 속으로, 가상의 이미지 속으로 들어간다. 우리는 기계의 가상 현실에 갇힌 인간이 된다. 이제 우리를 생각하는 것은 가상의 기계이다. 따라서 그는 "정보의 출현과 더불어 역사의 전개가 끝났고, 인공지능의 출현과 동시에 사유가 끝났다"고 말한다. 아마 그의 이러한 사유는 사유의 바른길과 옆길을 통해 새로운 사유의 길을 늘 모색하는 데서 비롯된 것일 터이다. 현대성에 대한 탁월한 통찰력을 보여 주는 보드리야르의 이 책은 우리에게 우리 사회의 현상들을 비판적으로 읽게 해줄 것이다.

東文選 文藝新書 193

현대의 신화

롤랑 바르트

이화여대 기호학 연구소 옮김

이 책에서 바르트가 분석하고자 한 것은, 부르주아사회가 자연스럽게 생각하고 자명한 것으로 생각해 버려서 마치 신화처럼 되어 버린 현상들이다. 그것은 1950년대 중반부터 60년대 초까지 프랑스 사회에서 일어나고 있는 현상이지만, 이미 과거의 것이 되어 버린 것이 아니라 오늘날에도 유효한 것이기 때문에 독자들의 많은 관심을 불러일으키고 있다. 저자가 이책에서 보이고 있는 예리한 관찰과 분석, 그리고 거기에 대한 명석한 해석은 독자에게 감탄과 감동을 체험하게 하고 사물을 보는 새로운 눈을 뜨게 한다. 특히 후기 산업사회에 들어와서 반성 없이 이루어지고 있는 것, 가벼운 재미로만 이루어지면서도 대중을 지배하는 모든 것에 대해서 이 책은, 그것들이 그렇게 자연스런 것이 아니라는 것, 자명한 것이 아니라는 것을 알게 한다. 사회의 모든 현상이 숨은 의미를 감추고 있는 기호들이라고 생각하는 이 책은, 우리가 그 기호들의 의미 현상을 알고 있는 한 그 기호들을 그처럼 편안하게 소비하고 있을 수 없다는 것을 우리에게 알게 한다.

이 책은 바르트 기호학이 완성되기 전에 씌어진 저작이기 때문에 엄밀한 의미에서 바르트 기호학을 대표하는 것은 아니지만, 그러나 그의 타고난 기호학적 감각과 현란한 문체로 이루어져 있어서 그의 기호학이론에 완전히 부합되고 있을 뿐만 아니라, 그의 텍스트 실천이론에도 상당히 관련되어 있어서 바르트 자신의 대표적 저작이라 할 수 있다.